HÖSELE / WIESER (HG.) • EUROPAS REGIONEN

Herwig Hösele / Lojze Wieser (Hg.)

Europas Regionen
Zukunft gestalten

Redaktion
Bernd Beutl und Manuel P. Neubauer

Edition Geist & Gegenwart

Wieser Verlag

Gefördert mit Mitteln des Landes Steiermark
und des Bundeskanzleramtes.

Klagenfurt/Celovec · Wien · Ljubljana · Berlin

A-9020 Klagenfurt/Celovec, 8.-Mai-Straße 11
Tel. +43(0)463 37036, Fax +43(0)463 37036-90
office@wieser-verlag.com
www.wieser-verlag.com

Copyright © dieser Ausgabe 2024 bei Wieser Verlag GmbH,
Klagenfurt/Celovec
bzw. bei den Autorinnen und Autoren
Alle Rechte vorbehalten
Lektorat: Bernd Beutl
Korrektorat: Bernd Beutl
ISBN 978-3-99029-649-3

Inhalt

Christopher Drexler
Starke europäische Regionen als
Fundament eines starken Europas
11

Barbara Eibinger-Miedl
Die Steiermark als pulsierende
Region im Herzen Europas
17

Herwig Hösele
Die Kraft der Regionen für Europas Zukunft
Ziele und Arbeitsweise des Pfingstdialogs
Geist & Gegenwart
21

Konrad Paul Liessmann
Farbenspiele
Europa als eine schöne Kunst betrachtet
38

Herfried Münkler
Zur Architektur einer neuen Weltordnung
54

Manfred Prisching
Das Europa der geistigen Räume
58

I. SÄULEN: POLITIK – DEMOKRATIE – VERANTWORTUNG

Karoline Edtstadler
Europa fängt in den Regionen an
77

Anton Lang
Für unsere steirischen Regionen!
85

Werner Amon
Alpen-Adria-Allianz – europäische Integration
aus der Region für die Region
90

Franz Schausberger
Schwache Regionen – schwache Demokratie
Die europäischen Regionen seit dem Vertrag von Lissabon
98

Cornelia Schuster
Makroregionale Strategien in Europa neu denken
106

Christian Lagger
Starkes Europa: Demokratie,
Resilienz und Führungsverantwortung
115

II. Innovationstreiber: Wissenschaft und Wirtschaft

Martin Polaschek
Europas Regionen. Zukunft gestalten.
121

Thomas Krautzer
Regionen Europas. Zukunft gestalten
Die Rolle der Regionen für den Wirtschaftsstandort Europa
131

Karl Rose
Europas Regionen – Stärken stärken, um
erfolgreich eine gemeinsame Zukunft zu gestalten
140

Monika Köppl-Turyna
Höchste Zeit für eine fünfte europäische Grundfreiheit:
Energie
Über die Vorteile einer europäischen
Energiemarktintegration statt nationalem Protektionismus
148

Michael Steiner
Streifzüge durch ein Europa der Regionen
157

Heinz Faßmann
Mehr Europa – eine Chance
166

Wolfgang Polt
Europäische Regionen – Konvergenz,
Divergenz und die europäische Politik
176

III. Wieder entdeckt: Sicherheit und Verteidigung

Nikolaus Rottenberger
Sicherheitspolitische Betrachtung von Regionen
185

Michael Hüther
Europa mit konkretem Mehrwert:
Investitionsunion und Verteidigungsunion
192

Thomas Mayer
Europa in größerer Dimension denken
200

IV. Zwischen Tradition und Moderne: Der Wandel der Lebenswelten

Ernst Sittinger
Last der Geschichte, Lust der Gestaltung
Freiheit, Demokratie, Vielfalt:
Diese Kraftfelder machen Europa besonders komplex
207

Rainer Münz
Leben in den Alpen
214

Helmut Wiedenhofer
Region – ein bestens vertrauter Begriff?
223

Johanna Pirker
Alle mitnehmen
230

Markus Fallenböck – Michael Freidl – Barbara Zach
Wesen und Wert einer KI-Governance für die Steiermark
235

Lojze Wieser
Wo sich der Mikrokosmos in der Universalität
und die konkrete Wirklichkeit im Ewigen treffen
244

Fotoessay
Ein Rückblick auf 2023 und Impressionen
von früheren Pfingstdialogen und Dialogveranstaltungen
253

Partnerseite
270

Autorinnen und Autoren
271

Edition Geist & Gegenwart
276

Die Beiträge dieser Publikation sind in unterschiedlichen Formen (wissenschaftliche Beiträge, Essays, thesengeleitete Inputs, Kommentare/Statements u. a.) verfasst und sollen Impulse für die Diskussionen des 12. Pfingstdialogs Mitte Mai 2024 auf Schloss Seggau und darüber hinaus sein. Die Beifügung eines Anmerkungsapparats wurde den Autorinnen und Autoren freigestellt und von diesen unterschiedlich gehandhabt. Auf eine geschlechtersensible Sprache wird im Rahmen von Geist & Gegenwart Wert gelegt, die Autorinnen und Autoren setzen dies in den Beiträgen auf unterschiedliche Weise um.

Christopher Drexler

Starke europäische Regionen als Fundament eines starken Europas

Wenn man einen Verantwortungsträger einer europäischen Region ersucht, über die Bedeutung von Regionen im europäischen Gefüge zu schreiben, scheint der Inhalt dieses Texts klar: die Bedeutung dieser starken Regionen hervorhebend, mehr Mitspracherecht fordernd und stets betonend, was das eigene Bundesland so besonders macht. Und ja, auch mein Text wird in den folgenden Zeilen im Wesentlichen diese Erwartung erfüllen. Ich möchte allerdings nicht mit einem Loblied auf starke europäische Regionen beginnen, sondern mich zu Beginn dem Gegenmodell einer föderalistischen Union widmen und dazu den Blick über den Atlantik werfen. Genauer auf die Vereinigten Staaten von Amerika, die vor allem von vielen immer wieder als Vorbild für eine stärkere europäische Integration hin zum Modell der Vereinigten Staaten von Europa genannt werden.

Die Vereinigten Staaten, die bei genauerem Blick allerdings nicht nur vereinigt erscheinen, sind von enormen klimatischen, kulturellen und politischen Unterschieden geprägt. So hat ein Großstädter New Yorks wohl mehr mit einer Einwohnerin oder einem Einwohner Londons gemein als mit einem Farmer aus den Weiten Montanas. Und die Alltagssorgen in Alaska sind wohl nur schwer vergleichbar mit jenen Herausforderungen, die einem tagtäglich im tiefen Süden Louisianas begegnen. Und auch wenn die klimatischen Bedingungen auf Hawaii und in Florida ähnlich sind, trennen beide Welten. Allein mit den regionalen Unterschieden und Einzelheiten dieser »Vereinigten« Staaten ließe sich diese Publikation wohl mehrmals füllen.

Wettbewerb belebt!

Dabei sind es genau diese Besonderheiten und regionalen Unterschiede, die dieses Land so außergewöhnlich machen. Und es ist der Wettbewerb unter den Bundesstaaten, der maßgeblich für die Stärke des Landes verantwortlich ist. Ein positiver Wettbewerb um die besseren Ideen, um die besseren Chancen für die Zukunft. Ein Wettbewerb um Arbeitskräfte, Betriebsansiedelungen oder Touristinnen und Touristen, der es von jeder einzelnen Region verlangt, stets das Beste aus sich herauszuholen und als Standort attraktiv zu bleiben.

Es ist genau dieser Wettbewerb, der auch in Europa – gerade aufgrund der noch größeren Eigenständigkeit der Staaten und deren Regionen – maßgeblich zur wirtschaftlichen Stärke und großen Lebensqualität beiträgt. So sind es gerade die starken Regionen Europas, die nicht nur entscheidende Impulse in den unterschiedlichsten Bereichen setzen, sondern die vor allem auch große Aushängeschilder der Union sind. Ob es die landschaftliche Schönheit der Provence ist, der kulturelle und kulinarische Reichtum der Toskana oder die wirtschaftliche Stärke Bayerns – diese Vielfalt ist es, die wesentlich zum Charakter der Europäischen Union beiträgt. Die Bekanntheit dieser Regionen und ihre Anziehungskraft strahlen weit über die Grenzen hinaus. Sie sind es, aus denen die Stärke der Union maßgeblich entspringt.

Ich bin stolz, dass auch die Steiermark einen wesentlichen Anteil zu dieser Stärke beiträgt. Mit einer der höchsten Forschungsquote unter allen europäischen Regionen, einer weithin geschätzten Kulinarik von höchster Qualität, zahlreichen Großveranstaltungen, die unser Land regelmäßig vor die Linsen internationaler TV-Kameras bringen und vielem mehr ist die Steiermark in etlichen Bereichen ganz vorne mit dabei, wenn es darum geht, den Takt im europäischen Wettbewerb vorzugeben und das Beste aus dem Land herauszuholen.

Subsidiaritätsprinzip als ureuropäische Erfindung

Daher bin ich überzeugt, dass Wohlstand und Lebensstandard maßgeblich aus dieser föderalistischen Kraft und dem positiven Wettbewerb untereinander entspringt. Europa kann nur ein starkes Europa sein, wenn es auch starke Regionen hat. Nicht umsonst hat das Prinzip der Subsidiarität seinen Ursprung in Europa und spielt bis heute eine wichtige Rolle in der europäischen Rechtsordnung. Dieses ureuropäische Prinzip ist ein zentraler Garant für den Erfolg Europas.

Es stellt wohl niemand in Frage, dass es in vielen Themen einheitliche Lösungen benötigt. 27 verschiedene Vorschriften im Bereich der Produkt- und Lebensmittelsicherheit würden eine schier unlösbare Aufgabe für den grenzüberschreitenden Handel und die europäische Wirtschaft darstellen. Auch die einheitliche Währungspolitik hat sich bewährt – lang vorbei sind die Zeiten, bei denen vor einer Reise nach Italien oder Deutschland Geld gewechselt werden musste. Nur zwei Beispiele einer ganzen Reihe an

Themen, bei denen sich einheitliche europäische Lösungen ohne Zweifel bewährt haben. Doch nicht überall sind europäische Lösungen der Weisheit letzter Schluss. Je mehr die europäische und globale Ebene in vielen Bereichen an Bedeutung gewinnt, desto stärker müssen die Belange der Regionen Gehör finden. Diese Regionalität zeichnet uns aus und macht den Unterschied in einer zunehmend globalisierten Welt.

Wer kümmert sich darum, wenn durch die Abwanderung eines Industrieunternehmens in einer Region zahlreiche Arbeitsplätze gefährdet sind? Wer setzt sich dafür ein, wenn eine neue Gesetzesnorm für die Bürgerinnen und Bürger einer Region erhebliche Nachteile mit sich bringt? Hier kann nur das Bundesland selbst, das sich kümmert, das das Ohr an den Sorgen der Bevölkerung hat und vor Ort für Perspektiven sorgt, ein starkes Sprachrohr sein.

Regionale Lösungen für regionale Herausforderungen

Gleichzeitig leisten die Regionen Europas bereits jetzt einen zentralen Beitrag, um die Herausforderungen, vor denen Europa steht, zu bewältigen. Beispiele dafür gibt es zuhauf. Als eines sei an dieser Stelle jene der Migration genannt. Eindämmung und Bekämpfung der illegalen Migration können nur auf nationaler und internationaler Ebene erfolgreich erfolgen. Die Integration jedoch erfolgt auf regionaler und lokaler Ebene und stellt unsere Städte und Gemeinden vor viele individuelle Herausforderungen.

Ähnlich verhält es sich auch beim Klimaschutz. Der Schutz des globalen Klimas kann nicht allein in der Steiermark erfolgen. Dennoch gilt es einerseits, auf regionaler und lokaler Ebene viele Maßnahmen zu setzen, um den Klimaschutz auf den Weg zu bringen. In der Steiermark leisten wir hier von der Ortskernsanierung über den Ausbau der erneuerbaren Energie bis zu Investitionen in die Forschung bereits einen wesentlichen Beitrag. Andererseits ist es auch notwendig, Vorsichtsmaßnahmen zu treffen. Auch das erfolgt in einem kleinteiligen Rahmen, da Auswirkungen von Überschwemmungen bis Dürren regional sehr unterschiedlich sein können.

Zudem sorgt der Umstand, dass Entscheidungsprozesse so nah wie möglich an den Bürgerinnen und Bürgern stattfinden auch für eine höhere Akzeptanz. Es darf nicht das Gefühl entstehen, »ferne Technokraten in Brüssel« würden über den Alltag der Menschen in Scheifling, Vorau oder Gleinstätten entscheiden. Es braucht stattdessen weiterhin, und in vielen Bereichen vielleicht noch stärker als bisher, Bürgernähe und eine entschlossene Besinnung auf das Subsidiaritätsprinzip.

Daher gibt es für die Frage des heurigen Pfingstdialogs, welche Rolle Europas Regionen für die Zukunft der Union spielen sollen, aus meiner Sicht nur eine eindeutige Antwort: es braucht das bürgernahe Fällen von Entscheidungen im Rahmen der Subsidiarität und einen intensiven regionalen Wettbewerb, um die Stärken jedes Départements, jeder Provinz und jedes Bundeslandes bestmöglich zu nutzen – denn wir müssen stolz sein auf die Eigenheiten und Charakteristika der europäischen Regionen. Das war schon in der Vergangenheit ein bewährtes Erfolgsrezept und hat Europa großgemacht, und das sollte es auch in

Zukunft sein. Ich bin überzeugt davon, dass sich die Steiermark hier mit all ihren Vorzügen und Besonderheiten einfügt und im europäischen Kontext ihren Beitrag zu einem starken Europa voller Lebensqualität, Sicherheit und Stabilität leisten kann.

Barbara Eibinger-Miedl

Die Steiermark als pulsierende Region im Herzen Europas

Die Steiermark, das Grüne Herz Österreichs, hat sich in den letzten Jahrzehnten dank ihrer Innovationskraft hervorragend entwickelt. Mit einer Exportquote von über 50 Prozent und zahlreichen grenzüberschreitenden Kooperationen im Bereich von Wissenschaft und Wirtschaft ist sie international bestens vernetzt. Als dynamischer Wirtschaftsstandort verbindet die Steiermark traditionelle Industrien mit zukunftsweisenden Technologien, wobei der Fokus stets auf nachhaltigem Wachstum sowie Forschung und Entwicklung liegt. Mit einer Forschungsquote von über fünf Prozent, im europäischen Spitzenfeld liegend, zeigt sich der erfolgreiche Weg, den die Steiermark schon vor Jahren eingeschlagen hat.

Die enge Zusammenarbeit von Wirtschaft und Wissenschaft, die auch von politischer Seite forciert wird, ist die Grundlage des steirischen Erfolgsweges. Die Kooperation mit anderen österreichischen und internationalen Regionen spielt dabei eine entscheidende Rolle, sei es durch Zusammenschlüsse wie den Silicon Alps Cluster mit Kärnten, oder die starke bilaterale Verbindung zu Slowenien. Diese Partnerschaften fördern auch den Wissensaustausch, die Innovation und die Entwicklung neuer Technologien. In einer global vernetzten Welt, in der die Komplexität der Herausforderungen stetig zunimmt, hat die Steiermark längst erkannt, dass der Schlüssel zum Erfolg in der Kooperation und im gemeinsamen Streben nach Exzellenz liegt. Nur durch eine starke Vernetzung ist es uns langfristig möglich, Wohlstand, Arbeitsplätze und Lebensqualität zu erhalten und auszubauen.

Insbesondere die Kooperation zwischen der Steiermark und Kärnten wurde in den letzten Jahren stetig ausgebaut und wird mit der Realisierung des Koralmtunnels als zukunftsweisender Bahninfrastruktur auf ein nächstes Level gehoben. Mit einer Tunnellänge von 32 Kilometern verkürzt sich ab Ende des Jahres 2025 die Reise- sowie Transportzeit zwischen den beiden Landeshauptstädten Graz und Klagenfurt auf rund 45 Minuten. Damit werden beide Regionen zu einem großen Wirtschaftsraum zusammenwachsen, insbesondere in jenen Stärkefeldern, die unsere beiden Bundesländer auszeichnen, wie etwa die Mikroelektronik, grüne Technologien und Health Tech, wo wir zum Teil schon jetzt in gemeinsamen Clustern zusammenarbeiten. Mittlerweile gelten Kärnten und die Steiermark als Hotspots der Mikroelektronik, welche als absolute Zukunftsbranche und Schlüsseltechnologie der Digitalisierung noch weiter an Bedeutung gewinnen wird.

Mit dem Spitzenforschungszentrum Silicon Austria Labs und dem Silicon Alps Cluster wird diese Kooperation zwischen der Steiermark und Kärnten nachhaltig gestärkt. Die Silicon Austria Labs mit ihren über 300 Mitarbeitenden konzentrieren sich auf Innovationen in der Mikroelektronik, Smart Systems und verwandten Technologien. Das Zentrum dient als Plattform, die Industrie, Hochschulen und Forschungsorganisationen zusammenbringt, um gemeinsam Innovationen zu schaffen und den Technologietransfer zu beschleunigen. Gemeinsam mit dem Silicon Alps Cluster soll die internationale Wettbewerbsfähigkeit und Innovationskraft des Wirtschaftsraums Südösterreich in diesen Schlüsseltechnologien gesteigert und die Entwicklung neuer Produkte vorangetrieben werden. Gemeinsam zählen die beiden Bundesländer Steiermark und Kärnten europaweit zu den Top-fünf-Regionen in der Mikroelektronik und sorgen österreichweit für 80 Prozent der Wertschöpfung in diesem Segment. Mit dem European Chips Act, durch welchen der europäische Anteil an der weltweiten Chip-Produktion von derzeit zehn auf 20 Prozent gesteigert werden soll, ergeben sich für die Steiermark und Kärnten neue Möglichkeiten. So setzt die europäische Halbleiterstrategie auf fünf Ziele: die Stärkung der Forschungs- und Technologieführerschaft, die Förderung innovativer Lösungen, die Erhöhung der Produktionskapazitäten, die Bekämpfung des Fachkräftemangels und ein umfassendes Verständnis der globalen Halbleiter-Lieferketten. Dieser ambitionierte Plan erfordert eine enge Zusammenarbeit aller Beteiligten: von der Industrie über den öffentlichen Sektor bis hin zu Forschungseinrichtungen. Die Erreichung der Ziele des European Chips Act wird nicht nur von der Höhe der investierten Summen abhängen, sondern auch von der Fähigkeit, ein resilientes und zukunftsfähiges Halbleiter-Ökosystem zu schaffen. Der Süden Österreichs hat hierfür eine sehr gute Ausgangsposition, die es zu nutzen gilt.

Ein weiteres Stärkefeld der Steiermark ist der Mobilitätsbereich. Mit Leitbetrieben entlang der gesamten Wertschöpfungskette, einer Reihe innovativer Klein- und Mittelbetriebe sowie Start-ups und Forschungseinrichtungen hat die Steiermark eine starke Position im Bereich der Mobilität erlangt. Initiativen wie der ACstyria Mobilitätscluster vernetzen Unternehmen und Forschungseinrichtungen, um die Innovationskraft der steirischen Mobilitätsindustrie weiter voranzutreiben. Diese strategische Ausrichtung soll die heimischen Unternehmen auch in der aktuellen Transformation der Automobilbranche unterstützen. Gerade in dieser Zeit des Umbruchs ist auch die europaweite Vernetzung von großer Bedeutung. So engagiert sich die Steiermark in der Automotive Regions Alliance (ARA), einer Initiative, die darauf abzielt, die Zusammenarbeit zwischen den führenden Automobilregionen in Europa zu stärken. Die aktive Mitwirkung in der ARA ermöglicht es, wertvolle Erfahrungen auszutauschen, gemeinsame Forschungs- und Entwicklungsprojekte zu initiieren, sowie auf notwendige europäische Rahmenbedingungen mit geballter Kraft und einer Stimme hinzuweisen.

Dieser steirische Weg der Zusammenarbeit ist mittlerweile über die Grenzen unseres Bundeslandes hinaus bekannt. Die herausragende Kooperation zwischen der heimischen Wirtschaft und der Wissenschaft sowie unsere hochqualifizierten Fachkräfte machen die Steiermark zu einem wahren Innovationstreiber. Diese Innovationen »Made in Styria« sind es, die es uns ermöglichen werden, die Transformation hin zu einer digitalen und nachhaltigen Wirtschaft zu vollziehen. Ob im Halbleiterbereich oder der Mobilitätsbranche – steirische Technologien sind weltweit gefragt und werden auch in Zukunft die Grundlage für die Erreichung regionaler wie überregionaler wirtschaftlicher Ziele bilden. Letztlich wird deutlich, welch' unverzichtbaren Beitrag die Regionen zur positiven Entwicklung Europas leisten. Nur gemeinsam werden wir Europa auch für die nächsten Generationen wettbewerbsfähig, lebenswert und zukunftsfit gestalten können!

Herwig Hösele

Die Kraft der Regionen für Europas Zukunft
Ziele und Arbeitsweise des Pfingstdialogs Geist & Gegenwart

Der 2005 ins Leben gerufene Pfingstdialog »Geist & Gegenwart« auf Schloss Seggau an der Grenze großer europäischer Kulturkreise gibt Gelegenheit zur Standortbestimmung und Zeitdiagnose der Situation Europas in der Welt – durch exzellente Referent:innen und spannende Ideen, die zu nachhaltigen Impulsen führen. Sie gehören zur geistigen Visitenkarte der Steiermark, in der das Bemühen um den fruchtbringenden Dialog über territoriale, ideologische und fachspezifische Grenzen eine gute, stets zu pflegende Tradition hat. Das sind die Einleitungssätze der bisher zehn Memoranden von Seggauberg, die Ziele und Ergebnisse des Pfingstdialogs »Geist & Gegenwart« zusammenfassen. Und tatsächlich ging und geht es immer – in unterschiedlichen Herausforderungen, Fragen und Themenkreisen – um den European Way of Life, das europäische Lebensmodell, um jene Werte, die wir die europäischen nennen und die in Artikel 1a des »EU-Vertrages« von Lissabon zusammengefasst sind. Vor allem aber geht es stets um die Bedeutung der Regionen für Europas Zukunft. Die Vielfalt der Sprachen und Kulturen macht Europas Einzigartigkeit und Reichtum aus, wobei es gilt dies vor allem auch als Kraft und Stärke des »alten Kontinents« auch künftig im globalen Wettstreit der wirtschaftlichen, gesellschaftlichen und politischen Systeme bestmöglich zum Tragen zu bringen.

Dazu ein kurzer Blick auf die bisherigen zehn Generalthemen:
2005: »Die Entdeckung Europas«
2007: »Europa. Träume und Traumata«
2009: »Der Geschmack Europas«
2011: »Europa. Erzählen«
2013: »Vereinigte Staaten von Europa. Hoffen. Wagen«
2015: »Europa wertvoll«
2017: »Europa.USA.3.0 Werte. Interessen. Perspektiven«
2019: »Das digitale Europa. Digital Europe. No borders, no limits?«
2021: »Reset Europe«
2022: »Green Europe. Deal or no deal?«
2023: »The European Way of Life – Anspruch und Wirlichkeit«

Die Grundlagen des Pfingstdialogs

Der Pfingstdialog »Geist & Gegenwart« wurde in Partnerschaft von Land Steiermark und der katholischen Diözese Graz-Seckau von der damaligen Frau Landeshauptmann Waltraud Klasnic und dem damaligen Diözesanbischof Egon Kapellari initiiert. Koordiniert und organisiert wurde der Pfingstdialog 2005 von Bernhard Rinner und der von ihm damals geleiteten Kulturservice GmbH des Landes Steiermark. Ihm zur Seite stand ein Programmbeirat, dem u. a. Lojze Wieser, Christian Lagger und der Autor angehörten. Dieses Trio bildet seither ein Kernteam der Programmgestaltung.

Besonderer Dank an Lojze Wieser

Bei dieser Gelegenheit sei ein besonderer Dank an Lojze Wieser formuliert, der 2024 seinen 70. Geburtstag feiert.

Seit Jahrzehnten leistet der Kärntner Slowene Lojze Wieser mit seinem kleinen, aber feinen Wieser Verlag verdienstvolle Pionierarbeit, in dem er die im deutschen Sprachraum, aber eigentlich in ganz Westeuropa vernachlässigte Literatur aus Ost-Mitteleuropa, vornehmlich aus dem slawischen Bereich, vor den Vorhang holt. So bringt er die bereichernde Vielfalt auch »kleiner« Sprachen und Kulturen, die eine der Stärken Europas ist, ins Bewusstsein. Seit fünfzehn Jahren bemüht sich Wieser auch erfolgreich, die Vielfalt der Kulinarik sichtbar zu machen. »Der Geschmack Europas« war auf seine Initiative hin auch 2009 das Generalthema unseres Pfingstdialogs. Seither ist der »Geschmack Europas« sowohl in Buchform als auch im TV ein weiteres Markenzeichen Lojzes. Folgerichtig bilden seit 2009 die literarisch-kulinarischen Abende ein besonderes »Highlight« unserer Pfingstdialoge.

Es war von Anfang an klar, dass die Pfingstdialoge auf Schloss Seggau stattfinden sollten. Der genius loci der früheren Bischofsresidenz im Süden der Steiermark am Schnittpunkt der großen europäischen Kulturkreise – des romanischen, slawischen, deutschen und magyarischen – war und ist stets inspirierend. Der grenzüberschreitende Dialog gehört zur historisch und geopolitisch erwachsenen DNA der Steiermark. Schließlich war Graz jahrhundertelang Residenz der Habsburger Ländergruppe Innerösterreich, die neben Steiermark und Kärnten weite Teile Oberitaliens inklusive Görz und Triest, Sloweniens und Kroatiens umfasste. Die 1585 gegründete Grazer Universität entwickelte stets große Strahlkraft in den Südosten Europas.

»Geist & Gegenwart« knüpft auch an die von den Landeshauptleuten der Steiermark nach 1945 besonders gepflegte Tradition der weltoffenen geistigen und kulturellen Auseinandersetzung mit den großen Fragen der Zeit an, wie in der bahnbrechenden Kulturpolitik Hanns Korens u. a. mit den trigon-Ausstellungen (gewidmet vor allem der modernen bildenden Kunst im Raum des historischen Innerösterreich), dem Forum Stadtpark, dem steirischen herbst und der Steirischen Akademie, den Veranstaltungsreihen Orientierung und Perspektiven oder den international besetzten Symposien, deren Motor der renommierte Verfassungsrechtler und Politikwissenschafter Wolfgang Mantl war.

Nach der steirischen Landtagswahl im Herbst 2005, bei der die Steirische Volkspartei den Landeshauptmann bis 2015 an die SPÖ verlor, stellte sich die Frage, ob und wie die Pfingstdialoge weitergeführt werden könnten. Es ist dem damals neuen VP-Landeschef Hermann Schützenhöfer, dem der Diskurs in einem Klima der Liberalität und Kreativität Zeit seines politischen Wirkens ein Anliegen war, zu danken, dass es zu einer zunächst biennalen Fortführung kam. Seit 2021 finden die Pfingstdialoge jährlich statt – ein Rhythmus, der von Landeshauptmann Christopher Drexler unmittelbar nach seiner Wahl zum Landeschef durch den Steiermärkischen Landtag am 4. Juli 2022 bekräftigt wurde. Die Koordination innerhalb der Steiermärkischen Landesregierung oblag und obliegt seit 2006 den Wissenschaftslandesrät:innen – Kristina Edlinger-Ploder (2006–2014), Christopher Drexler (2014–2017) und Barbara Eibinger-Miedl (seit 2017). Im Sinne der Nachhaltigkeit hat Landesrätin Edlinger-Ploder zusätzlich zu den

Pfingstdialogen auf Seggauberg in Graz die Dialogreihe »Geist & Gegenwart« initiiert, in deren Rahmen mehrmals jährlich kompetente Referent:innen zu Vorträgen und Diskussionen kommen. Zur Nachhaltigkeit tragen auch wesentlich die zu jedem Pfingstdialog im Wieser Verlag erscheinenden Bücher der Edition Geist & Gegenwart und die Stipendien bei, die zu einer regelrechten »Geist & Gegenwart«-Community führten. Ein wichtiges Anliegen ist es dem Pfingstdialog auch, die Position, Aufgaben und Möglichkeiten Österreichs und der Steiermark angesichts der europäischen Fragestellungen auszuloten.

Seit 2017 ist der Club Alpbach Steiermark, dessen Vorsitzender der Autor ist, Partner des Landes und der Diözese, seit einigen Jahren auch der offizielle Träger der Veranstaltungen. Ein besonderes spirituelles »Highlight« der Pfingstdialoge ist jeweils der Vortrag eines Spitzenexponenten der katholischen Weltkirche – so sprachen in diesem Rahmen unter anderem die Kardinäle Kurt Koch, Reinhard Marx, Peter Turkson und Miloslav Vlk, der Vorsitzende der österreichischen Bischofskonferenz Erzbischof Franz Lackner und die Bischöfe Hermann Glettler, Josef Homeyer, Wilhelm Krautwaschl und Egon Kapellari.

Prominente Referent:innen

Im Rahmen der Pfingstdialoge haben u. a. Paul Lendvai, Jeremy Rifkin, Sigmar Gabriel, Richard David Precht, Michael Krüger, Karl Schwarzenberg, Alice Schwarzer, Peter Sloterdijk, Jakob von Uexküll, Veit Heinichen, György Dalos, der damalige EU-Parlamentspräsident Hans-Gert Pöttering, Franz Fischler, Manfred Lütz, Siegfried Wolf,

Markus Beyrer, Tim Cole, Sarah Spiekermann-Hoff, Alexander Wrabetz, Lisz Hirn, Markus Mair, Dieter Hundt, Hans Staud, Warnfried Dettling, Meinhard Miegel, Karlheinz Töchterle, der heutige Bundespräsident Alexander Van der Bellen, Lojze Wieser, Manfred Prisching, Robert Menasse, Klaus Poier, Leopold Neuhold, Joseph Marko, Christoph Kratky, Wolfgang Benedek, Kaspanaze Simma, Hubert Isak, Waldemar Hummer, Sihem Bensedrine, Richard Kühnel, Soleiman Ali, Fred Ohenhen, Margit Schratzenstaller, Honey & Bunny, Hanna-Barbara Gerl-Falkovitz, Martin Bartenstein, Wolfgang Schüssel, Claus Raidl, Hermann Schützenhöfer, die EU-Kommissare Benita Ferrero-Waldner und Johannes Hahn, Hans-Dietrich Genscher, Boris Nemsic, Monika Kircher-Kohl, Kurt Scholz, Doron Rabinovici, Christoph Grabenwarter, Gerhart Holzinger, Werner Weidenfeld, Heinz Nussbaumer, Wolfgang Petritsch, Karoline Edtstadler, Boris Podrecca, Susanne Scholl, Franz Küberl, Wilfried Stadler, Jirí Grusa, Dzevad Karahasan, Bassam Tibi, Iris Radisch, Klaus Harprecht, Franziska Augstein, Erhard Busek, der Großmufti von Sarajevo Mustafa Ceric, Babara Frischmuth, Bernhard Pörksen, Gertrude Tumpel-Gugerell, Navid Kermani, Martin Kusej, Ruth Klüger, Heinz Faßmann, Barbara Stelzl-Marx, Stefan Karner, Helmut Konrad, Peter Longerich und Peter Weibel referiert.

Im Sinne der Nachhaltigkeit von Geist & Gegenwart wird seit Herbst 2007 auch in einer Dialogreihe in der Aula der Alten Universität Graz die Auseinandersetzung mit wichtigen Fragen unserer Zeit gepflegt. Bisher referierten und diskutierten u. a.: Haim Harari, Udo Di Fabio, Wendelin Schmidt-Dengler, Gerhart Holzinger, Hans-Joachim

Schellnhuber, Elke Heidenreich, Helmut Denk, Klaus Hurrelmann, die Rektoren der fünf steirischen Universitäten, Gerhard Banse, Werner Theobald, Mouhanad Khorchide, Johanna Rachinger, Karl Harnoncourt, Christoph Lohfert, Konrad Paul Liessmann, Rudolf Taschner, Ewald Nowotny, Sophie Rosentreter, Sabine Ladstätter, Basha Mika, Wolf Singer, Robert Menasse, Reinhard Haller, Markus Spillmann, Gabriele Zuna-Kratky, Heinz Faßmann, Danielle Spera, Georg Keuschnigg, Rudolf Kotrschal, Necla Kelek, Hannelore Veit, Henryk M. Broder, Herfried Münkler, Christoph Badelt, Jane Goodall, Christian Wehrschütz, Michael Lüders, Viktor Mayer-Schönberger, Franz Fischler, Helga Rabl-Stadler, Bernhard Pörksen, Gerfried Stocker, Paul Lendvai, Herfried Münkler, Holger Bonin und der 2020 neugewählte Präsident des Europäischen Forums Alpbach, Andreas Treichl.

Der Club Alpbach Steiermark ist seit 2007 als Partner beim Pfingstdialog engagiert und seit 2015 der organisatorische und inhaltliche Träger dieses Symposiums und des Stipendienprogramms samt vorgeschaltetem internationalen Stipendiat:innenseminar. Besonderer Dank gebührt in diesem Zusammenhang Klaus Poier sowie Manuel P. Neubauer, der quasi als »Generalsekretär« des Vorbereitungskomitees mit großem Engagement agiert. Dank gilt auch der steirischen Forschungsgesellschaft JOANNEUM RESEARCH, die bei der Dialogreihe und bei den Pfingstdialogen jahrelang organisatorisch, geistig und logistisch wesentlich mitwirkte und auch in der Vorbereitung und Ausrichtung des Pfingstdialoges 2024 eine wichtige Rolle einnahm.

Besonderer Dank gilt auch dem Österreichischen Integrationsfonds mit Franz Wolf und der Marshallplan-Jubiläumsstiftung mit Präsident Wolfgang Petritsch und Geschäftsführer Markus Schweiger an der Spitze.

Sehr wichtig sind uns die Medienpartnerschaften, durch die es gelingt, eine breitere Öffentlichkeit über die wesentlichen Diskursinhalte der Pfingstdialoge zu informieren. Mit Dank erwähnt seien die »Kleine Zeitung«, insbesondere Chefredakteur Hubert Patterer, Thomas Götz, Michael Jungwirth, Ernst Sittinger, Stefan Winkler und Geschäftsführer Thomas Spann, »Die Presse«, speziell viele Jahre hindurch der frühere Chefredakteur und Herausgeber Rainer Nowak, Jakob Zirm, Alice Senarclens de Grancy und Norbert Mayer, der ORF-Steiermark mit Landesdirektor Gerhard Koch an der Spitze, ORF III geleitet von Peter Schöber und »Die Furche« mit dem langjährigen Chefredakteur Rudolf Mitlöhner und Chefredakteurin Doris Helmberger-Fleckl.

Seit 2021 finden die Pfingstdialoge alljährlich und nicht mehr biennal statt, wobei der Pfingstdialog 2021 aufgrund der COVID-19-Pandemie großteils digital abgehalten wurde. Durch die Technik des Streaming konnten wesentlich mehr Personen an den Vorträgen und Diskussionen teilhaben, sodass diese Option für größere Teile des Symposiums auch 2022 und 2023 mit großem Erfolg gewählt wurde. Bei der Vorbereitung 2024 stand mir als Koordinator ein Team als Programmbeirat und Organisationskomitee zur Seite, das entscheidende Impulse gab und dem u. a. Bernd Beutl, Horst Bischof, Klaus Hatzl, Margareth Koller-Prisching, Christian Lagger, Martin Latzka, Manuel P. Neubauer, Leopold Neuhold, Klaus Poier, Martin Polaschek, Manfred Prisching, Peter Riedler, Christoph Robinson, Peter Rosegger, Patrick Schnabl, Heinz Schnuderl, Caroline Schober, Doris Schweiggl, Ewald Verhounig, Helmut Wiedenhofer, Arthur Winkler-Hermaden und Lojze Wieser angehören. Gabi Mark und Herwig Steiner von tmcom sorgen für das elegante Design. Alexandra Reischl unterstützt uns in der Medienarbeit. Herta Miessl von Südost-Kommunikation trägt wesentlich zur Organisation der Pfingstdialoge bei. Der renommierte und pionierhafte Kärntner Slowene und Verleger Lojze Wieser ist auch gemeinsam mit mir Herausgeber des vorliegenden Bandes, um dessen Redaktion und Lektorat sich insbesondere der Historiker Bernd Beutl verdient gemacht hat. Die Autor:innen des vorliegenden Buches sind im Wesentlichen Referent:innen des Pfingstdialogs 2024. Mit den Pfingstdialogen, der Dialogreihe und den Publikationen wollen wir nachhaltig wirkende Impulse für die europäische Zukunft setzen und laden alle ein, im Rahmen der »Geist & Gegenwart«-Community daran auch mit eigenen Beiträgen mitzuwirken.

Europa der Bürger:innen nur als Europa der Regionen vorstellbar

Wir haben für den Pfingstdialog 2024 bewusst das Generalthema »Europas Regionen. Zukunft gestalten« gewählt. Es soll insbesondere die Herausforderungen ansprechen, denen sich Europa im Wettstreit der globalen Regionen gegenübersieht und zugleich die Chancen und Möglichkeiten aufzeigen, welche die Regionen Europas bieten. In einer anlässlich des Pfingstdialogs 2019 publizierten Kompilation der Memoranden der Pfingstdialoge seit 2005 heißt es: »Die unerschöpfliche Vielfalt der Regionen, Sprachen und Kulturen ist der Reichtum Europas. Um dieses Alleinstellungsmerkmal Europas im globalen Rahmen durch das gemeinsame Wertefundament voll zum Tragen zu bringen, sind Respekt, Toleranz und Solidarität besonders gefordert. Auf diese Weise werden Kreativität und Innovationskraft, die aus dem Humus dieser Individualität, Diversität, Pluralität und Tradition erwachsen, als besondere Stärke Europas gefördert«. Schon im Memorandum 2007 wurde aus dieser Vielfalt in der Einheit – »In Vielfalt geeint (in varietate condordia)« ist bekanntlich das Motto der EU – folgender Schluss gezogen: »Daraus schöpft das »Laboratorium Europa« die Kraft, ein innovatives, kreatives und zukunftsorientiertes Modell im globalen Rahmen zu sein, das im gegenseitig befruchtenden Wettbewerb steht und diesen auch nicht zu scheuen braucht«.

Das Subsidiaritätsprinzip – dass also Regelungen und Maßnahmen auf der bürgernächsten Ebene getroffen werden sollen – wurde bereits im EU-Vertrag von Maastricht 1992 festgelegt und im Vertrag von Lissabon 2007 bekräftigt. Da EU-Behörden und nationale Regierungen – so auch die österreichische Bundesregierung – in Tateinheit mit den jeweiligen Parlamenten dazu neigen, eher zentrale Direktiven zu erlassen, gilt es hier seitens der Regionen besonders wachsam zu sein. Denn Zentralismus stärkt zentrifugale und separatistische Kräfte, während gelebte Subsidiarität und Föderalismus integrative Elemente fördern können.

In diesem Sinne hat auch der Eröffnungsreferent des Pfingstdialogs 2013, Robert Menasse, für das Europa der Regionen plädiert und steht den Nationalstaaten sehr kritisch gegenüber. Menasse versteht regionale Identität als »die Wurzel der europäischen«. Der bekannte US-Soziologe Daniel Bell stellte bereits 1977 fest, dass die Nationalstaaten in unserer Zeit für die großen Probleme zu klein und für die kleinen Probleme zu groß sind.

Unser Lebensmodell vor großen Herausforderungen und auf dem globalen Prüfstand

2024 präsentiert sich die »Welt im Aufruhr«, wie auch der Titel eines sehr bemerkenswerten Buches des Keynote-Speakers des Pfingstdialogs 2024, Herfried Münkler, lautet. Und die Demokratie scheint weltweit auf dem Rückzug oder gefährdet. Der Doyen der österreichischen Publizistik, Paul Lendvai, Keynote-Speaker des Pfingstdialogs 2023, stellt fest: »Das westliche Modell von Liberalismus, parlamentarischer Demokratie, Rechtsstaat, Marktwirtschaft und Sozialversicherung, Pluralismus und Individualismus wird von der autoritären Herausforderung durch China und Russland bedroht, aber auch von populistischen Bewegungen rechts und links außen in den europäischen Gesellschaften«. Antisemitismus, Rassismus und Xenophobie müssen daher entschieden bekämpft werden. Wir alle sind aufgerufen, das europäische Lebensmodell, die europäischen Werte nach innen und außen nicht nur entschieden zu verteidigen, sondern offensiv zu vertreten. Gerade der völkerrechtswidrige russische Überfall auf und der Krieg gegen die Ukraine sowie der bestialische Terroranschlag der Hamas sind Angriffe auf unser Lebensmodell und die Errungenschaften der Aufklärung. Der 24. Februar 2022 und der 7. Oktober 2023 mussten und müssen Weckrufe für alle sein, denen Demokratie, universelle Menschenrechte und Europa ein Anliegen sind.

Der damalige deutsche Bundespräsident und liberale Politiker Theodor Heuss sagte in einem Vortrag am 15. September 1950, also in einer Zeit, in der verantwortungsbewusste europäische Staatsmänner versuchten, mit einem Konzept der europäischen Zusammenarbeit die Lehren aus dem schrecklichen Zweiten Weltkrieg und der menschenverachtenden NS-Diktatur zu ziehen, folgendes: »Es gibt drei Hügel, von denen das Abendland seinen Ausgang genommen hat: Golgatha in Jerusalem, die Akropolis in Athen, das Kapitol in Rom. Aus allen ist das Abendland geistig gewirkt, und man darf alle drei, man muss sie als Einheit sehen«. Jerusalem, Athen und Rom – diese Trias gab Europa tatsächlich seine geistig kulturelle Prägung, das christlich-jüdische Erbe der Menschenwürde, die Demokratie und Philosophie des antiken Athens und die Rechtsordnung des weite Teile Europas und des gesamten Mittelmeerraums umfassenden Imperium Romanum sind die Fundamente, auf denen die Errungenschaften der Aufklärung mit ihren unteilbaren Menschenrechten, der liberalen Demokratie und der Rechtsstaatlichkeit aufbauen.

Gleichzeitig mit der grundlegenden Herausforderung für eine vitale, resiliente liberale Demokratie stellt sich auch die dringende Frage, ob Europa noch genug Innovationskraft im wirtschaftlichen Wettbewerb der Regionen aufweist. Aus der jahrzehntelangen Weltordnung mit einem bipolaren Konflikt ist eine neue Weltunordnung mit, wie beispielsweise Herfried Münkler aufzählt, mindestens fünf Kräften, nämlich USA, China, Russland, Indien und Europa entstanden.

Der langfristig ununterdrückbare Drang nach Freiheit

Die Errungenschaften der Aufklärung sind kein kolonialistisches Projekt, sondern werden universell gewünscht. Der Gedanke und der Drang nach Freiheit lassen sich zwar für einige Zeit mit Repression unterdrücken, aber sie wohnen dem Menschen inne. Europa und Nordamerika und nicht China oder Russland sind wohl die begehrtesten Destinationen der Migranten. Dies alles bestätigen auch empirische Befunde. Die Open Society Foundations hat von Mai bis Juni 2023 in 30 Ländern (darunter China und Indien, Brasilien und Mexiko, Russland und Saudi-Arabien, Südafrika und Äthiopien, Japan und die USA), die zusammen mit 5,5 Mrd. Menschen gut zwei Drittel der Weltbevölkerung stellen, repräsentative Umfragen (mit insgesamt 36.344 Befragten) durchführen lassen. Europa war durch Deutschland, Frankreich, Italien, Polen, Großbritannien sowie die Ukraine vertreten. Dabei lehnen beispielsweise 94 Prozent aller Befragten die Verfolgung von Andersgläubigen ab, die Diskriminierung Homosexueller kommt für 86 Prozent nicht infrage, und 72 Prozent halten die Etablierung weltweit geltender Menschenrechte für eine gute Entwicklung. Die Demokratie wiederum wird von 62 Prozent der Befragten als bevorzugte Regierungsform betrachtet. Weniger als 50 Prozent Zuspruch gibt es nur in drei Ländern: in Russland und Saudi-Arabien (jeweils 35 Prozent) sowie in den Vereinigten Arabischen Emiraten (47 Prozent). Diese Befunde sind ermutigend, aber nicht ausreichend.

Die EU-Bürger:innen, speziell die Österreicher:innen haben wohl allzu lange gedacht, dass Wohlstand, Innovation,

Demokratie, Freiheit und Frieden ein Perpetuum mobile sind, für das wir uns nicht anstrengen müssen. Aber: Die Sicherung und Weiterentwicklung dieser Errungenschaften brauchen das Engagement möglichst vieler. Die Demokratie ist durch die Fähigkeit zur Kritik und Selbstkritik, zur Korrektur von Fehlentwicklungen und vor allem zum Wettbewerb sicherlich allen anderen Systemen zumindest in a long run überlegen. Das gilt auch für eine sozial und ökologisch verantwortliche Marktwirtschaft und die Europäische Union.

Seriöse Europakommunikation

Es war immer die feste Überzeugung vor allem auch steirischer Politik, dass ein sich zunehmend einigendes Europa kein zentralistisches bürgerfernes Gebilde, sondern nur ein Europa der Regionen sein kann. Nur ein Europa der Regionen, das nicht mit Provinzialität verwechselt werden darf, kann ein Europa der Bürger:innen sein, in dem sie auch im überschaubaren Rahmen demokratisch mitgestalten können. Gefühlte Bürgerferne und Demokratiedefizite sind geeignet, das Vertrauen der Bürger:innen in die EU erodieren zu lassen. Bedauerlicherweise ist die Zustimmung zur EU in Österreich besonders niedrig. Laut einer im Dezember 2023 veröffentlichten Eurobarometer-Umfrage bewerten nur 42 Prozent die Mitgliedschaft in der Union als positiv, 22 Prozent sehen sie als etwas Schlechtes. Das ist der jeweils niedrigste beziehungsweise höchste Wert unter allen 27 EU-Staaten. Von allen befragten EU-Bürger:innen sehen 61 Prozent die Mitgliedschaft ihres Landes als eine gute Sache. Es gilt alle Anstrengungen zu unternehmen, dass die Zustimmungsrate zur EU wieder in die Nähe des großartigen Ergebnisses der EU-Volksabstimmung vor 30 Jahren am 12. Juni 1994 mit 66,6 Prozent kommt. Eine intensivierte EU-Kommunikation, die nicht in Propaganda ausartet, sondern Pro- und Contra-Argumente sorgfältig abwägt, ist daher besonders wichtig.

Die Europa-Initiativen der Steiermark

Gerade die Steiermark hat sich stets im besonderen Maße für ein Europa der Regionen und den europäischen Einigungsprozess engagiert. Schon in den 1950er-Jahren setzte Landeshauptmann Josef Krainer I, der von 1948 bis 1971 längst dienende demokratisch legitimierte steirische Landeschef, Akzente in der regionalen Außenpolitik. Er bemühte sich um Verbindungen zu Jugoslawien über alle Systemgrenzen hinweg, um den auch an der steirischen Südgrenze drohenden »eisernen Vorhang« durch den »kleinen Grenzverkehr« zu überwinden. Symbolisch besonders wichtig war die Errichtung der Murbrücke, die Bad Radkersburg mit dem ehemaligen Oberradkersburg – Gornja Radgona – verbindet. Zugleich war er einer der frühen Rufer für einen österreichischen EU-Beitritt schon in den 1960er-Jahren, u. a. mit dem Diktum »Wir dürfen nicht in der Neutralität verhungern.« Sein Nachfolger Friedrich Niederl (Landeshauptmann von 1971 bis 1980) setzte diese Tradition fort und war 1978 einer der Mitbegründer der ARGE Alpen-Adria, der neben den österreichischen Bundesländern Steiermark, Kärnten und Oberösterreich auch die jugoslawischen Teilstaaten Slowenien und Kroatien sowie die oberitalienischen Regionen Friaul Julisch Venetien (Hauptstadt Triest) und Venetien (Hauptstadt Venedig) angehörten. Josef Krainer II, Landeshauptmann von 1980 bis 1996, gab dieser Tradition kräftige Impulse. In der ARGE Alpen-Adria kamen ungarische Komitate als Mitglieder dazu, womit Regionen aus EU- und NATO-Staaten, Warschauer Pakt- und Comecon-Staaten, neutralen und blockfreien Staaten zusammenarbeiteten. In diesem Mikrokosmos europäischer Regionen wurden viele der großen europäischen Entwicklungen vorbereitet und antizipiert – die Anerkennung Sloweniens und Kroatiens als selbstständige Staaten, der Zusammenbruch der kommunistischen Diktaturen im Annus mirabilis 1989 in Mittel- und Osteuropa und der EU-Beitritt Österreichs sowie die weitgehende Annäherung der anderen Staaten. Josef Krainer II war übrigens als turnusmäßiger Vorsitzender der Landeshauptleutekonferenz im Februar 1994 bei den erfolgreichen Abschlussverhandlungen über Österreichs EU-Beitritt in Brüssel mit dabei. Durch den EU-Beitritt Ungarns und Sloweniens und weiterer mittel-osteuropäischer Staaten 2004 – und später auch Kroatiens – sind Österreich und die Steiermark vom Rand ins Zentrum Europas gerückt. Waltraud Klasnic prägte folgerichtig am Beginn der 2000er-Jahre den Begriff der Zukunftsregion.

Unsere Zielvorstellung

Heute ist die Steiermark im befruchtenden Wettbewerb der Regionen Europas dank der Initiativen vor allem von Hermann Schützenhöfer, Christopher Drexler, Franz Voves und Barbara Eibinger-Miedl gut aufgestellt – mit einer der höchsten Forschungsquoten Europas, mit einem großartig gemeisterten Strukturwandel in Industrie und Landwirtschaft, also mit Spitzentechnologie, mit einer qualitätsvollen Landwirtschaft, mit hoher Lebensqualität und spezifischer Gastfreundschaft als Land der Vielfalt in Natur und Kultur, eigentlich als Grünes Herz nicht nur Österreichs, sondern Mitteleuropas und damit auch als attraktives Tourismusziel. Diese spezifischen Assets der Steiermark weiter in einem vitalen Europa der Regionen zu profilieren – das ist die große Herausforderung. Insgesamt muss es das Ziel Europas sein, jener Kontinent zu sein, in dem es die höchste Lebensqualität gibt – verbunden mit wissenschaftlicher und kultureller Exzellenz, Spitzentechnologie, liberaler Demokratie und dynamischer öko-sozialer Marktwirtschaft. Zu den dazu notwendigen Überlegungen, dem nachhaltigen ernsthaften Diskurs und geistigen Impulsen möchte »Geist & Gegenwart« (s)einen Beitrag leisten.

Konrad Paul Liessmann

Farbenspiele
Europa als eine schöne Kunst betrachtet[1]

Europa, so lautet eine gerne mit pejorativem Unterton vorgetragene These, sei in erster Linie ein ökonomisches Projekt, dem noch eine Seele fehle; seit einiger Zeit sei Europa auch ein politisches Projekt, dem es allerdings noch an Demokratie und der Beteiligung der Bürger ermangele; selbstredend sei Europa zudem ein moralisches Projekt, das den Nationalismus und seine Exzesse ebenso in die Schranken weisen werde wie Fremdenfeindlichkeit, soziale Ungerechtigkeit und jede Form von Ausgrenzung; und nicht zuletzt sei Europa ein ökologisches Projekt, das den Klimawandel stoppen und die Versöhnung von Mensch und Natur vorantreiben will. Wenn man diesen Thesen und den damit verbundenen Debatten ihren Tribut gezollt hat und der Ökonomie, der Politik, der Moral und der Ökologie damit Genüge getan ist, könnten doch auch einmal der gute Geschmack und der Kunstsinn zu ihrem Recht kommen. Wie wäre es, das europäische Projekt einmal unter ästhetischen Gesichtspunkten zu betrachten? Könnte man dabei vielleicht nicht die überraschende Entdeckung machen, dass vieles, was von einem ökonomischen, politischen, moralischen oder ökologischen Standpunkt aus an Europa noch immer stört, dass manches, das in der Wirklichkeit als Defizit, als bürokratische Herrschaft oder uneingelöste Utopie erscheint, für den ästhetischen Geschmack doch

---

[1] Der Beitrag stellt die modifizierte und erweiterte Fassung eines Textes dar, den der Autor in dem Band »Bildung als Provokation« (Zsolnay Verlag Wien, 2017) veröffentlicht hat.

ungeahnte Ein-, An- und Aussichten bereithalten könnte? Versuchen wir es einmal.

1. Farben

Welche Farbe trägt Europa? Nein, das EU-Blau ist nicht die einzige Antwort. Wer an Europa denkt, hat doch ein anderes Bild vor Augen. Ein buntes Bild. Das Bild des gegliederten, in drei Richtungen ausgefransten Kontinents, dieses kleinen Vorgebirges des asiatischen Festlandes, wie es Paul Valéry einmal genannt hat, schillernd in allen Farben. Jedem, der etwa eine politische Karte Europas betrachtet, muss diese Buntheit in die Augen springen. Diese vielen kleinen farbigen Flecken in der Mitte und im Südosten des Kontinents, die größeren deutlich sich davon abhebenden Gebilde im Westen und Norden, und dann, wie ein Kontrastprogramm, ganz im Osten eine riesige, einheitlich eingefärbte Fläche. Europa und Russland – das ist, als schöne Kunst betrachtet, der ewige und immer wieder von neuem manchmal fruchtbare, dann wieder furchtbare Kontrast zwischen dem bunten, liberalen, offenen Allerlei auf der einen und einer dominanten, autokratischen Monochromie auf der anderen Seite. Nicht zuletzt der Überfall Putins auf die Ukraine und die Suche dieses Staates nach seiner europäischen Identität demonstrieren diese Spannung in einer blutigen Weise, die man auf diesem Kontinent eigentlich nicht mehr für möglich gehalten hatte.

Die Farben markieren die Souveränitätsansprüche von Nationalstaaten. Sie sind auch das Erbe eines Europas, wie es sich im 19. und 20. Jahrhundert gebildet hat. Vielfalt und Buntheit wechseln mit klaren, großräumigen Strukturen.

Wirft man den Blick auf eine Karte des mittelalterlichen Europa, kann sich das Auge an den unzähligen selbständigen Farbevokationen kaum sattsehen. Was Schöneres als die Binnenstruktur des Heiligen Römischen Reiches hat es – ästhetisch betrachtet – wohl kaum je gegeben. Ein ungeheurer Reichtum an Farben und Formen kann hier bewundert werden, kleinste Einheiten, Fürstentümer *en miniature*, Stadtstaaten, erste Ansätze zusammenhängender Territorialherrschaften, daneben, darunter und darüber verschiedene Bündnissysteme, Zugehörigkeiten, Einflusssphären, Zweideutigkeiten. Dem Auge kann dies nur klar gemacht werden durch Mehrfachumrandungen und Schraffuren, durch Schattierungen und Tönungen, Farben reichen dazu nicht aus. Die Umwandlung Europas in ein Konglomerat von Nationalstaaten bedeutet in der Ästhetik ihrer Kartographie die Aufgabe dieser Vielfalt. Eine Europakarte um 1910 kennt nur mehr wenige Farben, klare Grenzen, nur dem differenzierten und kenntnisreichen Blick erschließt sich noch die innere Vielfalt der alten multiethnischen Monarchien der Habsburger und Romanows. Bunt wurde es nur dort, wo es immer noch bunt ist: am Balkan.

Legt man neben eine Europakarte des Jahres 1910 eine Weltkarte der gleichen Zeit, gewinnen die Farben eine ganz andere Ausdruckskraft. Ein Gutteil der Welt schillert in denselben Farben wie Europa, aber in welchen Dimensionen! Im globalen Maßstab kleine Gebilde wie England oder Frankreich färben ganze Kontinente ein, nicht zu sprechen von winzigen Flecken wie Belgien, Holland oder Portugal, deren Farben nun auch riesige Flächen in Afrika oder Südostasien bedecken. Der europäische Kolonialismus erweist sich im Spiel seiner Farben schon als

Ausdruck jener Unverhältnismäßigkeit, an der er auch zerbrechen wird. Und dennoch markieren diese Farben auch die ersten und zum Teil bis heute gültigen Konturen einer Globalisierung, die, man mag es wollen oder nicht, als Europäisierung der Welt begonnen hatte. Das führt, so ganz nebenbei, zu der paradoxen Situation, dass der gegenwärtig gerne und mit Vehemenz vertretene Anti-Kolonialismus immer einige antieuropäische Facetten enthalten muss.

Und heute? Nach dem Fall des Eisernen Vorhangs ist Europa wieder bunt geworden, gegenüber den Verhältnissen vor einem Jahrhundert hat die Anzahl der souveränen Staaten dramatisch zugenommen. Hübsch anzusehen, keine Frage. Und doch zeigen die Farben nicht mehr alles. Denn ein Großteil dieser Staaten ist Mitglied der Europäischen Union, und diese stürzt die ästhetische Gestalt Europas in ein veritables Dilemma. Alle Mitgliedstaaten gleich einzufärben suggerierte einen territorialen Flächenstaat, der Europa nicht ist und vielleicht auch nie sein sollte; den Nationalstaaten ihre Farben zu lassen, und die Union nur durch Umrandungen anzudeuten, suggerierte ein klassisches Bündnissystem, das die Union weder ist noch sein will. Und manchmal ergibt sich aus diesen Schwierigkeiten ein Effekt, der nicht ohne Ironie ist: In manchen Europakarten erscheinen die Staaten, die nicht Mitglied der Union sind wie Norwegen oder die Schweiz, in unschuldigem Weiß – der altehrwürdigen Farbe jener *terrae incognitae*, die einzufärben die Europäer einst aus- und um die Welt gezogen waren.

Abgesehen von der ästhetisch nicht gerade belanglosen Frage, dass die EU, Schengen-Europa und Euro-Europa nicht deckungsgleich sind, ließen sich an den Valeurs, in denen Europa sich darstellt, auch die Wertigkeiten ablesen, die unterschiedlichen Konzeptionen von Europa zugeschrieben werden. Denkt man sich Europa zum Beispiel nicht als einen Verband oder eine Vereinigung der Nationalstaaten, sondern als ein Europa von Regionen, die zum Teil viel älter als die Nationen sind und quer zu diesen stehen, dann ergäbe sich eine Karte, die an Vielfalt, überraschenden und komplexen Konturen und farbenfroher Buntheit kaum zu überbieten wäre. Läge man über diese dann die alten Grenzen der Nationalstaaten, würde das, was Europa auch sein könnte, im besten Sinn des Wortes sinnfällig werden und ins Auge springen.

2. Töne

Wie klingt Europa? Wie das Hauptmotiv des 4. Satzes von Beethovens 9. Symphonie? Nun, diese Antwort läge nahe, wurde dieses Motiv doch zur Europa-Hymne erhoben, griffe aber dennoch zu kurz. Eher im Gegenteil. Die Entscheidung des Europarats in Straßburg aus dem Jahre 1972, eine von Herbert von Karajan arrangierte Instrumentalfassung der Ode »An die Freude« zur Europa-Hymne zu erklären, eine Entscheidung, die von den *Europäischen Gemeinschaften* am 21. April 1986 wiederholt und von der *Europäischen Union* bestätigt wurde, könnte auch als ein vorläufiger Endpunkt in der langen Geschichte des ideologischen Missbrauchs dieser Symphonie gewertet werden. Sowohl Nationalsozialisten als auch Kommunisten hatten versucht, diese Spätwerk Beethovens für sich und ihre totalitären Phantasien zu reklamieren. Europäisch wäre es gewesen, den einzigartigen Charakter und die besondere Stellung dieser Symphonie in der Geschichte der Musik zu respektieren und sie nicht zu einem politischen Symbol zu degradieren. Dass die tragende Melodie des Schlusssatzes nicht mit Schillers Text unterlegt wurde, wie viele glauben, verdankt sich übrigens einer europäischen Sprachenpolitik, die keiner Sprache einen Vorzug einräumen wollte. Versuche, Schillers Text in einer Esperanto-Fassung oder überhaupt einen neuen Text in lateinischer Sprache der Musik Beethovens beizugeben, sind bislang zumindest gescheitert.

Nein, der Klang eines Kontinents entfaltet sich am allerwenigsten in der politisch-programmatischen Musik, in der er sich gerne gespiegelt sähe. Die Musikalität Europas zeigt sich allerdings sehr wohl in der Idee der absoluten Musik, also einer Musik, die nicht aus rituellen, religiösen, politischen oder psychohygienischen Gründen erklingt, sondern nur, um gehört zu werden. Und dies ist eine, vielleicht *die* genuine europäische Erfindung im Bereich des Ästhetischen. Das Konzerthaus wäre so kein schlechtes europäisches Emblem, und die europäische Kunstmusik in ihrer Freiheit wäre wahrscheinlich ein besserer Botschafter dieses Kontinents und seines Selbstverständnisses als so manch anderes, das dafür verwendet wird. Die Musikalität Europas erweist sich darüber hinaus aber auch darin, dass das politische Problem Europas durchaus musikalisch gedacht und gedeutet werden kann.

Das 18. und vor allem das frühe 19. Jahrhundert beschrieben die europäische Politik gerne als »Konzert der Mächte«. In dieser Formel ist das Gemeinsame einer solchen Politik ebenso enthalten wie der ästhetisch gedachte Imperativ, das Unterschiedliche überhaupt erst zu einem

Zusammenklang zu bringen. Jeder spielt seinen Part, folgt seinen Interessen, unterwirft sich seiner Staatsräson, aber immer im Bewusstsein, dass dieses Kalkül Element eines Zusammenspiels ist. Dieses muss nicht nur auf andere Rücksicht nehmen und deren Interessen respektieren, sondern hat auch eine Balance zum Ziel, eine Ausgewogenheit, einen Wohlklang, der einseitige Eruptionen ebenso verbannt wie schrille Dissonanzen oder Dominanzansprüche, die das Klangbild empfindlich verzerren könnten. Auch wenn mit dieser Metapher gerne das Gleichgewicht jener europäischen Mächte charakterisiert wird, die vom Wiener Kongress bis zum Krimkrieg die Politik dieses Kontinents bestimmten, mag doch einiges für die Verwendung musikalischer Konzepte zur Verdeutlichung europäischer Perspektiven sprechen.

In der europäischen Kunstmusik bezeichnet das Konzert nicht nur ein Zusammenspiel, sondern insbesondere auch das Mit- und Gegeneinander eines Solisten und eines Orchesters. Wer den führenden Part, mitunter die sprichwörtliche erste Geige spielt, wer den Ton angibt, wer den Takt vorgibt, wer aus den Klangmassen deutlich seine Stimme erheben kann, wer die entscheidenden Motive vorträgt und auf die Resonanz der anderen Klanggruppen wartet – sind das nicht genau die Fragen, die die europäische Politik bestimmen? Und ist es nicht auch von einem besonderen ästhetischen Reiz, ob diese Funktionen von einer oder von mehreren Stimmen wahrgenommen werden können? Beethoven schuf auch ein Triple-Konzert, in dem drei Soloinstrumente mit einem Orchester korrespondieren. Und seit es die Idee eines geeinigten Europa gibt, gibt es auch die Frage nach den führenden Stimmen in diesem Europa.

Lange schien klar, dass auch Europa ein Triplekonzert sein musste, eine »europäische Triarchie« wie dies Moses Heß, einer der zu Unrecht vergessenen Ahnherren des Geeinten Europa, genannt hatte: England, Frankreich und Deutschland als jene Stimmen, aus deren Engführung und Verschmelzung das neue Europa hätte entstehen sollen.

Was aber bedeutete dieser Anspruch auf ein Zusammenspiel, das sich aus verschiedenen Quellen speist, unterschiedliche Solisten kennt und doch zu einer Einheit finden will? Weniger als eines Dirigenten bedürfte es vorab eines Rahmens, oder, um in der Sprache der Musik zu bleiben, einer Partitur, an der sich dieses Spiel überhaupt erst orientieren kann. Der europäische Gedanke kann als ein Kompositionsprojekt aufgefasst werden, bei dem es darum geht, eine Struktur zu finden, die all den verschiedenen Verschiedenheiten – sprachlichen, sozialen, religiösen, ethnischen, kulturellen, ästhetischen, sexuellen – gleichermaßen die Möglichkeit ihres Ausdrucks und ihres Einfügens gibt. Wer die Schule der Ästhetik der Moderne durchlaufen hat, weiß, dass dabei auch schrille Töne und Dissonanzen möglich sind. Auch die Atonalität gehört zur europäischen Geschichte, aber selbst diese gehorcht einem formenden Prinzip, das noch das Differenteste zueinander in Beziehung zu setzen weiß. Als reine Kakophonie aber wäre Europa auf Dauer nicht nur akustisch unerträglich.

Denkt man Europa als den Kontinent der Vielfalt, der nach Einheit strebt, drängt sich ein anderes musikalisches Vokabular auf. Der Zusammenklang des Verschiedenen – war das nicht die ursprünglichste Bedeutung von *Harmonie*? Diese meinte ja gerade nicht eine Harmonisierung im

Sinne einer Vernichtung der Unterschiede, sondern deren produktive Weiterentwicklung in Hinblick auf ein dadurch mögliches neues Ganzes. Nicht Monotonie oder Standardisierung sind die Kennzeichen der Harmonie, sondern dass in dieser die verschiedenen Stimmen und Instrumente und ihre eigenen Klangfarben hörbar bleiben, aber nicht in einem beziehungslosen Neben- oder schroffen Gegeneinander verharren, sondern zu einer Einheit finden. Wie ließe sich die aktuelle Situation Europas besser beschreiben? Und müsste man bei vielen noch immer von nationalstaatlichen oder ökonomischen Interessen geleiteten Ansprüchen nicht jene Worte vorschalten, die auch Beethoven seiner Vertonung von Schillers *Ode an die Freude* voransetzte: »O Freunde, nicht diese Töne...«?

3. Worte

Wie spricht Europa? Wir wissen es: mit vielen Stimmen. Aber nicht das Sprachgewirr der Regierungen, Kommissare, Parlamente, Parteien, Lobbys, Initiativen und Bewegungen interessiert uns hier, sondern die Worte, mit denen Europa von sich selbst erzählt. Europa war der Kontinent der großen Erzählungen, und seine poetischen Evokationen waren von allem Anfang europäische Unternehmungen gewesen. Wohl stimmt es: Die Literatur ist keine europäische Erfindung, dazu war dieser Kontinent gegenüber den Kulturen Asiens erst verspätet ins Licht der Geschichte getreten. Aber Europa hat viel von dem, was anderenorts erzählt und überliefert worden war, aufgenommen und in unverwechselbare Formen gebracht. Was wäre denn Europa ohne die Stimme Homers, der dem Epos schon in seiner Geburtsstunde seine Vollendung gab und die Kultur dieses

Kontinents mit Stoffen, Figuren und Handlungen versorgte, die über die Jahrtausende hinweg als Inspirationsquelle dienten. Was wäre Europa ohne die schöne Helena und das Urteil des Paris, was wäre Europa ohne Agamemnon und den Zorn des Achill, ohne die Belagerung Trojas und die Irrfahrten des Odysseus? Und was wäre Europa ohne die mythischen Figuren, die nicht nur über die Zeiten hinweg unzählige Varianten und Bearbeitungen erfahren haben, sondern das europäische Denken bis hin zur modernen Philosophie und Wissenschaft nachhaltig geprägt haben? Was wäre Europa ohne Prometheus und Ödipus, ohne Elektra und Kassandra, ohne Narziss und Adonis, ohne Medea und Antigone, ohne Apoll und Dionysos?

Was spräche eigentlich dagegen, die Poesie dieses Kontinents, seine kunstvoll gebundenen Worte, seine sprachlichen Rhythmen und Formen als europäische Projekte sui generis aufzufassen? Fundierte Cervantes' Don Quixote nicht den europäischen Roman? Was wäre das moderne Theater ohne die antike Tragödie und ohne Shakespeare? Waren Don Juan und Faust nicht europäische Ereignisse, die sich in unzähligen Varianten immer wieder bemerkbar machen mussten? Waren die Bearbeitungen des Parzival-Stoffes nicht eine europäische Gemeinschaftsarbeit, die sich vom hohen Mittelalter bis ins 20. Jahrhundert erstreckte? Und lässt sich ohne Petrarca und Dante, ohne Schiller und Ibsen, ohne Flaubert und Dostojewski, ohne Proust und Thomas Mann überhaupt sinnvoll über Europa sprechen? Was wäre die Kultur dieses Kontinents ohne die Vielzahl an Sprachen und Literaturen, die doch ein gemeinsames Erbe, gemeinsame Stoffe, gemeinsame Wurzeln, gemeinsame poetische Normen verbindet?

Wie spricht Europa? Nicht nur vielfältig, in einem ungeheuren Formenreichtum, in einem weitausholenden Gestus, sondern auch und vor allem in Gestalt jener Texte, die sich nur einem lesenden Auge erschließen. Europa kann und muss im besten Sinn des Wortes erlesen werden, die Fähigkeit, sich lesend den unzähligen Stimmen dieses Kontinents, der schon längst seine Grenzen überschritten hat und sich der Idee der Weltliteratur verpflichtet fühlt, zu nähern, wäre eine europäische Tugend par excellence. Der grassierende Analphabetismus aber und die demonstrative Verächtlichmachung des Buches wären endlich als antieuropäische Phänomene zu begreifen.

4. Architekturen

Worauf baut Europa? Kaum eine Kunst dominiert so sehr die politische Rede wie die Architektur. Die Metapher vom gemeinsamen Haus Europa ist selbst ein Stück europäischer Geschichte. Prominent wurde dieses Bild durch Michael Gorbatschow, der es in zahlreichen Ansprachen verwendete. Das gemeinsame Haus sollte nach dieser Vorstellung jeder europäischen Familie eine eigene Wohnung bieten, auch mit unterschiedlichen Eingängen, und einer Hausordnung, die eine friedliche Koexistenz ermöglichen und einen besseren Schutz aller vor Katastrophen gewähren sollte. Solch ein Haus kennt zwar das gemeinsame Dach und gemeinsame Interessen, aber noch kein gemeinsames Leben. Aktuell verändert das europäische Haus seine Gestalt. Es soll mehr zu einem Raum des Miteinander, weniger zu einem des Nebeneinander werden, die Räume sollen durchlässig sein, wenn auch die Eingangstüren gesichert werden wollen. Und kommt es im Inneren dieses

Hauses zu Konflikten, zu Krisen, zu sozialen Differenzen, dann ist Feuer am Dach.

Die Metaphern der Baukunst tragen aber weiter. Vor allem die komplexen Strukturen der Europäischen Verfasstheit, das Verhältnis von Rat, Kommission und Parlament, die Funktionen und Bedeutungen der unterschiedlichen europäischen Institutionen werden gerne in Bildern veranschaulicht, die deutliche architektonische Referenzen aufweisen. Von Fundamenten ist da gerne die Rede, von tragenden Säulen, davon, mit welchen Elementen man den Bau fortsetzen soll, welche Wände man stärken muss, damit das fragile Gebäude nicht zusammenbricht. Diese Metaphorik erlaubt nicht nur, sie verführt auch zu einer spezifischen politischen Rhetorik. In der ist dann viel davon die Rede, Europa zu bauen, von drinnen und draußen, von Brücken, die geschlagen, und solchen, die nicht abgebrochen werden dürfen, von Gräben, die zugeschüttet, und solchen, die nicht aufgerissen werden sollten, aber auch davon, dass Europa einer Festung gleichen könne, umgeben von Mauern, die, wie alle mauern, letztlich doch einstürzen würden.

Tatsächlich aber birgt die Rhetorik des Bauens eine nicht unwesentliche Gefahr. Sie orientiert sich am Ideal der Statik, am Ende muss etwas festgefügt und auf sicheren Fundamenten ruhend stehen, auf der Ökonomie soll die politische Einheit aufbauen, auf einem kulturellen Wertebewusstsein soll eine neue Politik ruhen, das Ganze soll vielleicht kein Palast, auch kein Tempel werden, jedoch ein solides Gebäude, das nicht so leicht aus dem Gleichgewicht gebracht werden kann und den Stürmen der Globalisierung ebenso standhalten können wie es Schutz vor den

Brandherden in der unmittelbaren Nachbarschaft geben sollte. Vergessen wird, dass sich eine gesellschaftliche und politische Dynamik nur schwer in die Sprache der Architektur bannen lässt, übersehen wird, dass die Wandlungen und Metamorphosen, an denen Europa so reich ist, in solchen Metaphern kaum Platz finden.

5. Staatskunst

Europa, als schöne Kunst betrachtet, ergibt einen synästhetischen Reiz von beachtlicher Tiefe und Dynamik. Mit jeder Drehung der Geschichte, mit jeder Bewegung in der Gesellschaft, mit jedem Ereignis, jeder neuen Konstellation ergibt sich ein überraschendes, facettenreiches, buntes, flimmerndes Bild. Altes verschwindet, Neues entsteht, es gibt aber auch dunkle, blinde Flecken, Misstöne und Dissonanzen, Brüche und Reibungsflächen, Schiefes und Instabiles. Blickt man hier genauer hin, kann man erkennen, dass unter dieser ästhetischen Perspektive auch die Idee der Politik eine neue Bedeutung gewinnen könnte. Getrennt waren Kunst und Politik ja nie. Das alte Europa kannte noch den schönen Begriff der Staatskunst, bei dem es darum ging, elegant, mit Raffinement und ohne allzu großes Risiko die Interessen der Nation oder des Staatswesens durchzusetzen. Das Europa der Zukunft könnte dem Begriff der Staatskunst eine neue Bedeutung geben. Ihre Protagonisten werden mit vielen Bällen jonglieren müssen, und ihre Kunst wird darin bestehen, sich von alten Bindungen loszusagen und den Staat in seiner überlieferten Gestalt selbst zur Disposition zu stellen. So wie die Kunst im Europa des 18. Jahrhunderts ihre Unabhängigkeit von allen bevormundenden Instanzen forderte und damit ihre Autonomie und Freiheit begründete, so könnte die Politik im 21. Jahrhundert als genuin europäisches Projekt ihre Autonomie gegenüber den tradierten Ansprüchen und Verpflichtungen nationalstaatlicher Interessen behaupten und anstreben. Das Europäische erschiene dann nicht mehr nur als eine Synthese des Vorhandenen oder als Fortsetzung des Erreichten, sondern als eine eigene politische Gestalt, die ihre Konturen und Farben, ihre Klänge und Geschichten, ihre Bilder und Metaphern noch suchen und finden müsste. Als schöne Kunst betrachtet, zählte Europa dann zu den Hauptwerken einer gleichermaßen erfahrungsreichen wie aufregend experimentellen Ästhetik.

Allen das Beste

Wie wird unsere Zukunft, wenn sie doch mit einer Gegenwart zusammenhängt, die von vielen als schwierig, als zunehmend belastend erlebt wird? Die Antwort ist klar: Niemand weiß, was kommen wird, ob es besser wird oder schlechter. Die Unsicherheit ist eine ständige Begleiterin des Menschseins. Am Weltgebetstag für geistliche Berufe im Jahr 2015 warnte Papst Franziskus, dass Unwägbarkeiten, Zukunftsängste und die Unsicherheiten, die in den Alltag eindringen, unseren Schwung lähmen und unsere Träume bremsen.

Dennoch meine ich unserem Papst folgend, dies muss uns keine Sorgen machen. Denn einer weiß Bescheid, trägt und hält uns – Gott. Wir brauchen keine Angst zu haben, solange wir auf Gott, auf Jesus und seine frohe Botschaft vertrauen und uns bemühen, in diesem Sinne zu leben. Wenn wir unsere Nächsten schätzen, andere Meinungen akzeptieren und als Basis für einen wertvollen Austausch sehen, das Gute im Menschen vor seine Schwächen stellen, jenen in Not solidarisch beistehen, um den Frieden ringen und allen nur das Beste wünschen, wenn wir gemeinsam an einer guten Zukunft zimmern, dann verblassen Sorgen und Nöte und Energie für Gutes wir frei. In der Gegenwart bauen wir die Zukunft – mit Geist, Vertrauen, Hoffnung und der Zuversicht, dass Jesus mit uns ist bis zum Ende der Welt. So wie er das versprochen hat. Getragen vom christlichen Glauben wird die Zukunft gut sein; für Europas Regionen und darüber hinaus.

Wilhelm Krautwaschl

Europas Regionen. Zukunft gestalten.

In der EU macht jeder einzelne Staat, unabhängig von seiner Größe, die Erfahrung: Ich bin nicht die Mehrheit. Wenn meine Interessen Einzelinteressen bleiben, bleibe ich allein. Und ich werde keine Mehrheit finden, die mich unterstützt. Als Superintendent der Evangelischen Kirche in der Steiermark spreche ich für eine Minderheitenkirche. Eine Erfahrung in der Minderheiten-Situation ist die der Versuchung, sich ein Selbstbild zu entwickeln, bestimmt durch Eckpunkte wie »wir sind klein, wir haben so wenig Einfluss, wir werden benachteiligt«. Tatsächlich kann man sich mit einem solchen Narrativ eine Komfortzone bauen, diese ist aber wenig konstruktiv. Die konstruktive Version, die Minderheitenrolle zu gestalten, beginnt damit, sichtbar zu machen, wie man als Teil wertvoll für das Ganze ist. Biblische Bilder dafür sind Salz und Sauerteig: Wenig Masse macht den Unterschied für das Ganze.

Der Horizont, in dem die Bürgerinnen und Bürger der EU ihr Leben gestalten, ist eher die Region als der Staat – und zwar unabhängig davon, ob dieser föderal oder zentral gestaltet ist. Sicher ist es weise, in der EU (wie auch im Staat) auf die Stärkung der Regionen zu achten, und zwar in der Art, dass die Region sich als Teil eines gemeinsamen Ganzen erfährt. Bürgerinnen und Bürger beteiligen sich gerne an der Gestaltung von Zukunft. Das geschieht zunächst im überschaubaren Lebensbereich der Region, ist aber sinnvollerweise eingebettet in das Ganze der Union.

Wolfgang Rehner

Herfried Münkler
Zur Architektur einer neuen Weltordnung

Gibt es eine begründete Aussicht, dass sich das wieder ändert und die Zeiten wieder friedlicher werden? Wie könnte eine Weltordnung aussehen, die im weiteren Verlauf des 21. Jahrhunderts für größere politische Stabilität sorgen und zugleich sicherstellen könnte, dass die großen Menschheitsaufgaben, von der Begrenzung des Klimawandels bis zu einem sorgsamen Umgang mit knappen Ressourcen, effektiv bearbeitet werden können? Die USA waren zuletzt mit der Aufgabe eines »Hüters« der globalen Ordnung überfordert und haben sich zu oft als »Herr« aufgespielt. Schließlich wollte auch ein Großteil der amerikanischen Bürger die Kosten und Lasten nicht mehr tragen, für globale Güter zu sorgen, von denen auch die profitierten, die dazu nichts beitrugen. Trumps Parole »America first« war die Abwendung der USA von den Aufgaben eines Hüters der Weltordnung. Aber eine regelgebundene und wertegestützte Ordnung ist auf einen Hüter angewiesen, der für die Beachtung der Regeln sorgt und eine Orientierung an den Werten anmahnt – auch wenn er sich selbst keineswegs immer daranhält. Ohne Hüter keine solche Ordnung.

Aus dem Scheitern der nach dem Ende der Bipolarität entstandenen Weltordnung erwachsen zwei zentrale Konsequenzen. Erstens: Es muss eine Ordnung von Mehreren sein, die sich die Aufgaben der Sorge um den *common goods* teilen, und es wird, zweitens, eine Ordnung sein, in der es keinen einheitlichen Wertehorizont gibt, sondern mehrere **Wertesphären**, die nebeneinanderstehen. Eine gewisse Indifferenz der Werte ist die Voraussetzung für die wechselseitige Anerkennung dieser Vormächte der globalen Ordnung. Auf dieser Grundlage sollte es möglich sein, nicht nur zu einem friedlichen Nebeneinander zu gelangen, sondern sich auch auf Regeln zu verständigen, die dann tatsächlich eingehalten werden. Dazu ist sicherzustellen, dass Regelbrecher und Verbotsverletzer aus ihrem Tun keine Vorteile beziehen, sondern nur gravierende Nachteile haben. Genau das war, wie beschrieben, zuletzt nicht mehr der Fall, und schon gar nicht, wenn es ein großer war, der mit den Regeln kegelte.

Am ehesten dürfte eine Ordnung der fünf Vormächte diesen Vorgaben genügen. In jedem Fall dürften in ihr die Aufgaben der globalen Ordnung auf so viele Schultern verteilt sein, dass sie tragbar sind und nicht mit einem Protest der eigenen Bevölkerung gegen die Übernahme dieser Aufgaben zu rechnen ist. Zugleich muss der Platz im »Direktorium der Weltordnung« so attraktiv sein, dass hinreichend Anreize bestehen, ihn einzunehmen und sich nicht auf einen der hinteren Plätze zu verabschieden. Vor allem aber dürfte im Fall des Regelbruchs einer der Vormächte eine gegen ihn gewandte 4:1-Konstellation hinreichend sein, um Regeltreue sicherzustellen, wobei die »Höchststrafe« darin besteht, dass der fragliche Akteur aus der Gruppe der Fünf ausscheidet und durch einen anderen ersetzt wird. Das alles spricht dafür, dass es sich um fünf – und nicht mehr, aber auch nicht weniger – Mächte handelt, die mit den Aufgaben der Hüter betraut sind. Es ist jedoch keine starre Ordnung, bei der ein für allemal feststeht, wer dazugehört und wer nicht. Auch in den Pentarchien der europäischen Geschichte hat sich die Gruppe der Vormächte immer wieder einmal neu zusammengesetzt.

Wer würde nach dem gegenwärtigen Stand der Dinge diesen Fünfen zugehören? Auf jeden Fall die USA und China, daneben wohl auch Russland und, wenn sie es schafft, von einem umtriebigen Regelbewirtschafter zu einem politisch handlungsfähigen Akteur zu werden, die Europäische Union sowie schließlich als Repräsentant des globalen Südens Indien. Vorerst dürfte es zwei Bänke geben: die der demokratischen Mächte – USA und EU – und die der Autoritären – Russland und China – sowie die Position eines »Züngleins an der Waage«, die Indien einnehmen könnte. Neben diesen Fünfen gibt es eine zweite und dritte Reihe, in denen alle anderen sitzen. Sie sind alles andere als einflusslos, weil die Vormächte unter ihnen nach Unterstützern suchen und sie entsprechend umwerben. Das wird aber nur funktionieren, wenn sie darauf verzichten, die Einhaltung bestimmter Werte zur Voraussetzung der Zusammenarbeit zu machen. Das wird den autoritären Mächten leichter fallen als den Demokraten, die freilich, wenn sie nicht ins Hintertreffen geraten wollen, ebenfalls Zurückhaltung üben werden. Man kann in den gegenwärtigen Konstellationen bereits die Umrisse einer solchen Weltordnung erkennen. Aber es wird noch längere Zeit dauern, bis sie politische Wirkung entfalten wird. Die Alternative zu dieser Hierarchie ist eine Anarchie der Staatenwelt. Die aber wäre durch eine Fortdauer der Kriege gekennzeichnet.

Dieser Text erschien auch in Ausgabe 8/2024 der Wochenzeitung »Der Freitag«.

Das Große im Kleinen

Die EU will in den kommenden Jahren größer werden. Das wäre eine hervorragende Entwicklung, denn gerade die Staaten am Balkan hat sie zu lange in der Luft hängen lassen, ohne echte Fortschritte bei der Annäherung zu machen. Die Erweiterung wäre aber auch eine große Herausforderung. Schon jetzt ist es schwierig, alle Mitgliedsstaaten bei wesentlichen Themen auf einen Nenner zu bringen. Will die EU wirtschaftlich und politisch wieder eine echte Rolle in der Welt spielen, muss sie sich radikal weiterentwickeln. In vielen Bereichen bedeutet das, dass sie sich vertiefen muss. Die Stärke des Binnenmarkts wird erst ausgeschöpft, wenn sich die Nationalstaaten koordinieren und besser kooperieren. Regionen, zu denen sich Nachbarstaaten zusammenschließen, haben die Chance, ein paar eigentlich für ganz Europa nötige Entwicklungen anzugehen, auch wenn sich noch nicht alle Mitgliedsstaaten mittragen können. Sie können Versuchslabore werden, in denen nicht viel schief gehen, aber ein funktionierendes Modell und sehr viel Zuversicht gewonnen werden kann. Was spricht dagegen, wenn CEE versucht, seine Universitäten neu zu organisieren, um ihre Qualität insgesamt zu steigern? Wenn nicht jedes einzelne Land in jedem einzelnen Fach Studiengänge anbietet, sondern sich neue Spezialisierungen herausgreift, die dafür wirklich ein herausragendes Angebot an die Studierenden der Region machen können? Warum sollen nicht länderübergreifende Transportpartnerschaften entstehen, die eine wirklich zeitgemäße Mobilität ermöglichen, effizient, kundenfreundlich und klimaschonend? Wären sie in länderübergreifend Regionen erfolgreich, wäre Europe einem wirklich leistungsfähigen, unkomplizierten europäischen Bahnsystem einen großen Schritt näher.
Die Möglichkeiten, wie Regionen europäische Vorreiter sein können, sind vielfältig. Sie reichen von bewusst entwickelten, länderübergreifenden Wirtschaftsclustern bis zu regionalen Börsen, von Innovationsförderungen bis hin zu besser koordinierten Konzepten für den Erhalt der Biodiversität. Wie immer braucht es den politischen Mut, über die nächste Wahl und die nationalen Grenzen hinauszudenken, und Durchhaltevermögen bei der Umsetzung. Es wäre den Versuch wert.

Andreas Treichl

Manfred Prisching
Das Europa der geistigen Räume

Es könnte sich bei Europa um eine *territoriale Bezeichnung* handeln: diese westliche Halbinsel an der eurasischen Landmasse. Dabei können wir außer Acht lassen, wo die genauen Grenzen verlaufen; die Geographen haben eine andere Vorstellung als die Religionswissenschaftler (die vielleicht auf historische Grenzen zwischen Katholizismus und Orthodoxie Bezug nähmen) oder die Politikwissenschaftler (die den materiellen und geistigen Nachwirkungen des Kalten Krieges und seiner Barrieren nachspüren könnten).

Es könnte aber auch jenes Europa sein, das sich bereits ein *institutionelles Gefüge* gegeben hat: »Europa« als Kurzform für die Europäische Union.[1] Da fallen einige Territorien aus dem Begriff hinaus, nicht nur Balkanländer, auch die Schweiz. Und selbst Britannien ist nicht mehr dabei. Es ist deshalb eine sprachliche Gepflogenheit von hoher Ungenauigkeit; denn selbst wer manche Charakteristika des schweizerischen Habitats skurril findet und den Brexit für eine politische Dummheit hält, würde nicht die Zugehörigkeit der beiden Länder zu Europa anzweifeln.
Natürlich könnte es sich auch um das »wichtigste« Europa handeln, nämlich um jene Geistigkeit, jene Weltansicht, jene Wirklichkeitskonfiguration, die aus Jahrhunderten des

---

[1] Natürlich gibt es noch weitere Europas, so etwa das Schengen-Europa oder das Euro-Europa. Es gibt die Randzonen der Europäischen Union, wie etwa den Großteil der Balkanländer. Wenn wir die strikten juristischen Bestimmungen überschreiten und die Frage nach dem europäischen Geist einfließen lassen, können wir auch die Frage nach der Intensität einer

europäischen Werdens erwachsen ist: *Europa als geistige Gestalt*. Dann würden wir wiederum etwas weiter ausgreifen müssen, auch die europäischen »Ableger« einbeziehen, von den USA und Kanada bis zu Australien und Neuseeland. Eigentlich geht es dann schon um den »Westen« oder die »westliche Welt«, die aus dem europäischen Denken herausgewachsen ist.

Alle drei Bestimmungen haben Probleme bei ihrer Untergliederung. (a) *Territorial* ist die Sache noch einfach: Europa besteht aus Nationen, Nationen bestehen aus Regionen (auch wenn manche Zuordnungen oder Grenzziehungen, etwa auf dem Balkan, nicht klar sind), und allenfalls kann man noch weiter nach unten zergliedern. (b) Die *innere Struktur* der Europäischen Union hat ebenfalls mit diesen Gliederungen zu tun; in der Gegenwart ist die EU ein Gebilde, das wesentlich von den Nationalstaaten getragen wird. Manche plädieren für die Zukunft zugunsten einer Schwerpunktbildung »nach oben«, auf die Gemeinschaftsebene, weil (gerade im Zuge einer Erweiterung) Mehrheitsbildungen ermöglicht und (»erpresserische«) Vetopositionen reduziert werden sollen. Andere wieder sehen die beste Lösung in einem »Europa der Regionen«, sprechen sich also für eine Verlagerung des Schwergewichtes »nach unten«, auf Ebenen unterhalb der Nation, aus.[2] (c) Ein eben-

---

Zugehörigkeit zu Europa stellen – dann gehört vielleicht Ungarn in seiner derzeitigen Verfasstheit weniger zu Europa als Frankreich. Bei den Briten können wir nicht leugnen, dass sie zu Europa gehören, obwohl sie immer eine gewisse Distanz zu Kontinentaleuropa gepflegt haben. Da sie letztlich die Europäische Union verlassen haben, gehören sie im institutionellen Sinn offenbar nicht mehr zu Europa. Umstritten ist seit langem die Zugehörigkeit der Türkei zu Europa, zumal sie sich immer weiter von Europa entfernt.

[2] Der Begriff Region klingt einfach, ist es aber nicht. Allein im kleinen Österreich gibt es vier Regions-Ebenen: Zu den NUTS-Regionen gehören drei Gruppen von Bundesländern, neun Bundesländer und 35 Gruppen von Bezirken. Zu den seit einigen Jahren eingeführten LAU-Regionen gehören 2098 Gemeindegebiete. Weiters gibt es die grenzüberschreitenden

solches Ambivalenzproblem (zwischen Einheit und Differenzierung) findet sich beim *europäischen Geistesleben*: Auf der einen Seite ist Europa auf seine Vielfalt stolz, und in der Tat hat man den Eindruck, dass Skandinavier und Italiener unterschiedlich »ticken«, ebenso haben Spanier und Schotten, Polen und Sizilianer ihre Eigenheiten – ohne dass man irgendeiner Gruppe damit nahetreten möchte. Sie kultivieren ihre Eigenart, und so soll es wohl auch sein. Sozial- und Wirtschaftshistoriker behaupten, gerade diese Vielfalt habe es Europa ermöglicht, ab dem 16. Jahrhundert anderen Weltteilen »davonzuziehen«. Aber das »Wesen Europas« ist eine Gemeinsamkeit, die aus den jüdischen, christlichen und islamischen Wurzeln, aus den griechischen und römischen Erbschaften, aus germanischen Einsprengseln und einer mittelalterlichen Stadtkultur, aus Renaissance, Reformation und Aufklärung gewachsen ist. Fügen wir noch die schottische und die französische Sozialphilosophie hinzu, die deutsche Philosophie und die Romantik – dann gewinnen wir die ersten Skizzen einer »europäischen Geisteshaltung«, der nicht zuletzt die neuzeitliche Dynamik (und damit generell die moderne Welt) entsprungen ist.

Europaregionen oder Euregios, bei denen Österreich mit 13 bis 16 Stück vertreten ist. Für die Frage, warum sich ein paar tausend Regionen besser auf gemeinsame Vorhaben einigen können sollten als die 27 Mitgliedstaaten, habe ich noch keine plausible Antwort gefunden.

Das Gemeinschaftsproblem

Kann Europa Heimat sein? Oder nur die Nation? Oder die Region? Es gibt das Verlangen nach Gemeinschaft: nach Zugehörigkeit und Einbettung. Heimat ist dort, wo man sich auskennt, wo das Leben ganz selbstverständlich dahinläuft. Die Moderne löst solche Gemeinschaftlichkeit auf, durch *Globalität, Immigration und Kosmopolitismus* geht sie zunehmend verloren. Man ist nicht mehr »zu Hause«, man vermisst Resonanz, Geborgenheit, Verlässlichkeit. Die Welt ist zunehmend nicht mehr vertraut, sie antwortet nicht mehr.

Aber Menschen hegen tribalistische Gefühle (Maffesoli 1996). Sie sehnen sich nach Rückkehr in den Kontext ihrer »Stämme«. Das führt in die Regionen. Regionen sind romantische Gebilde, sie bringen romantische Gefühle hervor. Denn der große Trend der Modernisierung bedeutet *Vergesellschaftung* statt *Vergemeinschaftung*, wie das Ferdinand Tönnies schon 1887 festgestellt hat (Tönnies 1991). Diese Vergesellschaftung hat ihre unangenehmen Seiten: Heimatlosigkeit, Entbettung, Verlorenheit. Solange die Gesellschaften stark fragmentiert waren, also bis in das 19. Jahrhundert, waren Ortschaften und Regionen die natürlichen Gebilde, in denen das Leben stattfand. Aber schon während der letzten zwei bis drei Jahrhunderte wurden Nationen und Staaten als Bezugspunkte der Zugehörigkeit immer stärker. Man schuf die Voraussetzungen der Gemeinschaftlichkeit auf nationaler Ebene, etwa durch den Schulunterricht und die Entwicklung einer gemeinsamen Sprache; Arbeitsteilung und Verflechtung intensivierten sich; und man erhöhte die Nationsbindung durch eine

Reihe symbolischer Objekte und kollektiver Ereignisse. Die gemeinsame Geschichte der Nation war für viele freilich nicht so sehr eine Erfahrung als eine Erzählung. Wenn es einigermaßen gelungen ist, auf der überregionalen, also nationalen Ebene ein Gemeinschaftsempfinden zu erzeugen, stellt sich die Frage, ob man die Übung ein Stockwerk höher wiederholen, also Europa als eine derartige Gemeinschaft empfinden kann.

Schon die »Nation« ist eine relativ große Gemeinschaft. »Heimelig« ist sie wohl nicht mehr. Aber Gemeinschaft ist sie deshalb, weil entsprechende Gefühle des Gleich-Seins und Zusammen-Seins als zu ihr gehörig angesehen werden. *Eine Nation ohne Nationalgefühl wäre eine Absurdität.* Manche hätten es gerne, weil sie (in schlichter Geschichtsbetrachtung) Nationalgefühl als etwas grundsätzlich Böses ansehen. (Mit der Ausnahme des Sports – dorthin hat sich der politische, militärische und kulturelle Nationalismus weitgehend zurückgezogen, und dieses Reservoir wird sorgfältig gepflegt, weil es wohl als geeignetes Ventil für eine in kollektiver Euphorie sich ausdrückende Vergemeinschaftung angesehen wird) (Reicher 2013).
Aus dem Gut-Böse-Problem rettet man sich, indem man den *Patriotismus* als gut und den *Nationalismus* als schlecht ansieht – ohne dass man recht zu sagen vermöchte, was der Unterschied sei. Allgemein schiebt man dem Nationalismus alle unerfreulichen Haltungen in die Schuhe: Feindseligkeit gegen andere, Aggressivität nach außen, Behauptung der eigenen Superiorität und Abwertung anderer Nationen und Völker (Gellner 1991; Hobsbawm 1991; Thumann 2020). Das ist oft intellektualistische Spielerei und entspricht nicht dem Lebensgefühl der Menschen. Franzosen genieren sich nicht, Franzosen zu sein.

Und Österreicher haben kein Problem mit ihrer »Habsburg-Herkunft«, zumal das Imperium zur Grundlage einer blühenden Tourismuswirtschaft geworden ist.

Umstrittene Heimat

Der noch stärker umstrittene Begriff ist jener der *Heimat*. Es ist einerseits progressistische (oder leftistische[3]) Ideologie, die Sache so weit zu treiben, dass jede Art von Heimatverbundenheit in die Nähe einer faschistischen Haltung gerückt und mit Begriffen wie Exklusion oder Diskriminierung abgewertet wird. Andererseits braucht man nur in die einschlägige Heimatberichterstattung einiger Fernsehsender oder in einschlägige Zeitschriften zu schauen, in denen, von Region zu Region, ein ähnlicher *ländlicher Folklorismus* dargeboten wird: die Kühe und die Almen, die Handwerker und die Bildschnitzer, die Käsemacher, Fischer und Forstarbeiter. Ein bisschen kitschig, aber seelenwärmend. Es gibt keinen Grund anzunehmen, dass die dargestellten Menschen allesamt lügen, wenn sie versichern: Sie fänden ihr jeweiliges Ambiente den schönsten Fleck auf Erden. Immer, wenn sie heimkämen, ginge ihnen die Seele auf. Sie wollten dieses Leben, mit seinen Eigenheiten, Fertigkeiten und Besonderheiten, behalten und bewahren, auch für nachfolgende Generationen.

---

[3] *Leftism* ist jener Begriff, der nicht mehr klassischen Marxismus, Sozialismus oder Sozialdemokratismus meint, sondern eine diffus linke, nicht mehr theoretisch begründete Weltauffassung; es handelt sich nicht um jene Population, die man zuweilen als linksliberal-intellektuell bezeichnet, weil diese weder liberal noch intellektuell ist; es ist viel eher eine Sache des Lebensgefühls, mit Auffassungen, die sich nicht unbedingt als an die Wirklichkeit gebunden verstehen. Hier wird auch der Begriff des Progressismus verwendet.

Urbane Progressisten halten dies für die »Idiotie des Landlebens«, würdig des Aussterbens, wo doch die kosmopolitische Souveränität die allein akzeptable Haltung darstelle. Wer sich nicht in Manhattan ebenso zu Hause fühle wie in Vorarlberg, der gehöre einer (ewig)gestrigen, aussterbenden Spezies an. Man kann diese Haltung allerdings auch als »Idiotie des Stadtlebens« bezeichnen, deren Vertreter sich in ihrer urbanen Künstlichkeit derart verloren haben, dass sie sich etwas anderes als Flughafenwartehallen nicht mehr vorstellen können. Auch Untersuchungen über »nationale Identität« kommen immer wieder zum Ergebnis, dass die schöne Landschaft, die Sprache, die gemeinsamen Gebräuche, Feiern, Rituale und Solidaritäten die Attraktivität des näheren Umfeldes ausmachen (Cillia et al. 2020). Da mögen Progressisten die Nase rümpfen – oder solche Neigung nachsichtig als Exotismus jener ländlichen Gegend zuordnen, in der ihr Wochenendhaus steht.

Zuweilen findet man in der Provinz allerdings tatsächlich *Provinzialismus* (Bohrer 2000). Aber die Überheblichen, die sich über den Provinzialismus lustig machen, sind seit alters her die vermeintlich »großen Geister«, die ihre eigene Kleingeistigkeit nicht wahrnehmen – weil sie in einer quasi-intellektuellen, künstlerischen, medialen Blase leben, die ihre eigene Deutungshegemonie zu behaupten trachtet. Deshalb ist der Vorwurf, dass die Artikulationselite an den Gefühlen der meisten Menschen »vorübereilt«, nicht falsch. Und deswegen sind die Progressisten die stärksten Förderer jener im Aufschwung befindlichen autoritären Bewegungen, denen man es überlassen hat, sich allein dieser verwaisten Gefühle von Region, Heimat und Nähe anzunehmen. Die Auswirkungen sind paradox, aber für die beschriebene Truppe gar nicht so übel: Man hat die autoritären Bewegungen durch das eigene Verhalten ins Leben gerufen, aber man findet im Kampf gegen sie gleichzeitig eine neue Aufgabe. Damit kann man in seinem gewohnten Habitus verbleiben.

Die Größe Europas

Schon die Größe einer Nation ist als Bezugspunkt des Gemeinschaftsgefühls ein möglicherweise »übergroßes« Gebilde. Jenseits der dörflichen Gruppe kann es sich nicht mehr um face-to-face-Beziehungen handeln, erst recht nicht in der Großstadt. In den noch größeren Nationalstaaten (oder gar in Europa) wird das Problem der Gemeinschaftsherstellung durch *aufregende Erzählungen* übertüncht, durch die eine Imagination von Nähe entstehen soll, wo in Wahrheit Ferne ist; durch die eine Imagination von Vertrautheit wachsen soll, wo in Wahrheit Fremde ist; durch die sich eine Imagination von Zugehörigkeit bilden soll, wo in Wahrheit die Formalismen einer Großgesellschaft herrschen. Aber solche Erzählungen sind Verhüllungen, Symbolisierungen, Mythisierungen (vgl. Soeffner 2019). Das ist nichts Schlechtes: Ohne solche Narrative kann man nicht leben. Der wortgewaltige Heribert Prantl behauptet sogar: *Europa muss man einfach lieben* (Prantl 2016). Aber ist Europa nicht zu groß, um es zu lieben?

Die Liebe ist von den Kilometern nicht unabhängig. Gemeinschaft und Solidarität sind Distanzprobleme. Das durch die Sichtbarkeit der ganzen Welt ausgelöste Migrationsphänomen verweist auf die Erfahrung, dass sich die Idee der Gemeinschaft nicht beliebig, schon gar nicht bis zur »Weltgemeinschaft«, ausdehnen lässt. Schon Europa scheint zu groß zu sein, als dass man tief empfundene Solidarität mit den Schotten und den Sizilianern, den Rumänen und den Portugiesen empfinden würde. Wie hoch ist dann das Opferwilligkeitsniveau für Tschetschenen oder Nigerianer? Die »Menschheit« ist eine abstrakte Sache. Denn es geht nicht um billige Bekundungen für den Fragebogen oder die Festrede, bei der man problemlos die ganze Menschheit lieben oder Ressourcen für andere einfordern kann (solange man sie nicht selbst zahlen muss), sondern um tatsächliche Opferbereitschaft. Man kann sich ohnehin wundern, in welchem Ausmaß die zahlungskräftigen Länder Europas bereit sind, zumindest die europäische Peripherie zu sponsern. Das gelingt nur, weil der Bevölkerung in den zahlenden Ländern kaum bekannt ist, was an die Empfängerländer geleistet wird. (Die EU hat Meisterschaft entwickelt, völlige Transparenz so zu gestalten, dass die Informationen bei den Individuen nicht ankommen, aus deren eigener Schuld.) Andererseits haben wir es mit einer Situation zu tun, in der es – ohne Pathos und ohne Übertreibung – um das Überleben Europas (der europäischen Länder) geht: Wenn nicht Emotion und Moral in dieses europäische »Gebilde« einfließen, wird es nicht überleben, weder als Institution noch als geistige Identität.

Die Weltgemeinschaft

Man könnte noch eine Ebene oberhalb Europas einführen: zumindest die Ebene des »Westens« oder gar die Ebene einer »Weltgesellschaft«. Die Idee hat durch den unleugbar intensivierten Globalisierungsprozess, der wesentliche Schritte zu einem allseits vorteilhaften Weltmarkt getan hat, an Fahrt gewonnen.

Die erste Hoffnung war: Handel schafft Frieden. Fast alle Produktionen und Produkte benötigen in der dritten Moderne die *Verflechtungen des Weltmarktes.* Die Idee wäre gewesen: Wechselseitige Abhängigkeit schafft Gemeinschaft, Friedlichkeit, Pazifismus, organische Solidarität. Man schätzt einander, weil man einander braucht (Durkheim 1992). Wer miteinander Handel treibt, der schießt nicht. Der rege Kontakt führt zu einer *Verähnlichung.* Doch diese Idee dürfte, jedenfalls in bestimmten Konstellationen, falsch sein. Es war das (modernisierungstheoretische) Modell (Flora 1974; Wehler 1975), welches der Westen im Verhältnis zum postsowjetischen Russland angewendet hat: mehr Beziehung, Aufschwung, Konvergenz, wachsender Wohlstand und wachsende Angleichung. Selbst Abhängigkeit (Energie gegen Geld) sei positiv: Dann werde niemand so dumm sein, Konflikte zu forcieren und sich selbst ins Knie zu schießen. Offenbar war das ganze Modell ein Irrtum. Eine ähnliche Erwartungshaltung revidiert man soeben gegenüber China und gegenüber Ländern des globalen Südens.

Die zweite Hoffnung: Kommunikation schafft Frieden. Der Prozess der *Kommunikativierung* wirbelt Gesellschaften durcheinander. Wir sind Minute um Minute mit Informationen aus allen Teilen der Welt versorgt. Dabei werden kulturelle Elemente anderer Zivilisationen angeeignet, zuweilen zu hybriden Varianten verschmolzen. Die Hoffnung wäre gewesen: Mehr Information schafft Verständnis und Befreundung. Kenntnisse beseitigen Konflikte. Austausch schafft ein kosmopolitisches, multikulturelles, tolerantes, wertschätzendes, harmonisches Verhältnis. Doch bislang gibt es keine guten Belege dafür, dass die globale Sichtbarkeit sich in globale Freundlichkeit umsetzt. Bessere Information kann ganz im Gegenteil auch zu Abstoßungsreaktionen führen: Religiös geprägte Muslime können nunmehr die Bücher, Bilder und Filme aus der westlichen Welt betrachten und sich in ihrer Ablehnung eines derart dekadenten Systems bestätigt fühlen.

Die dritte Hoffnung: Persönliche Bekanntschaft schafft Frieden. Doch der *Migrationsprozess* scheint auch kein Freundlichkeitsgarant zu sein. Mit dem Blick auf ein paar hundert Millionen Afrikaner:innen, die empirischen Erhebungen zufolge gerne nach Europa kommen würden, hegen viele die Befürchtung, dass die Reste nationaler und regionaler Besonderheit, die dem globalen Konvergenzprozess Widerstand leisten, gefährdet sind, vom Lebensstandard und dem Sozialsystem ganz abgesehen. Es ist, wie bei vielen Dingen, eine Sache der Dosierung. Für Europa bleibt es das ständige Problem des 21. Jahrhunderts: Das Gefühl der *Bedrohung* von Gemeinschaft und Heimat wird sich steigern. Es ist eine *demografische Revolution ohne ideologische Absichten.* Der Weg in die Europäische Union ist attraktiver als jede Ideologie, es geht um *schöne Bilder des Lebens und Konsumierens.* Ivan Krastev sagt: »Im 21. Jahrhundert ist die Migration die neue Revolution – keine Revolution der Massen wie im 20. Jahrhundert, sondern eine vom Exodus getriebene Revolution des 21. Jahrhunderts, getragen von Einzelnen und Familien und inspiriert nicht von ideologisch gefärbten Bildern einer strahlenden Zukunft, sondern von den auf Google Maps verbreiteten Fotos vom Leben auf der anderen Seite (der Grenze). Für ihren Erfolg ist sie weder auf Ideologien noch auf politische Bewegungen oder Führer angewiesen.« (Krastev 2017, 20f.)

Die Mitgliedschaft in einer Wohlstandsgesellschaft ist unter realistischen Bedingungen nicht universalisierbar.

Die Bevölkerung der europäischen Länder empfindet deshalb Immigration als Bedrohung: »Offene Grenzen gelten nicht mehr als Zeichen von Freiheit, sondern als Symbol der Unsicherheit.« (Krastev 2017, S. 45) Die Folgen in Europa: wachsende Intoleranz, der Wunsch nach autoritärer Herstellung von Sicherheit. Dass jenen, die sich für eine Verminderung von Immigrationszahlen aussprechen, permanent ausgerichtet wird, sie seien borniert, rassistisch, fremdenfeindlich und faschistisch, dient ihrer Versöhnung mit der Sache nicht. Sie gehen zu den einzigen, die ihnen zuhören.

Das Modell der konzentrischen Kreise

Wir entkommen der Ambivalenz nicht, derzufolge sich die Menschen nach Gemeinschaft sehnen, obwohl sie, sozialisiert in einer individualistischen Gesellschaft, eine »dichte« Gemeinschaft gar nicht mehr aushalten würden. Sie haben das Bedürfnis nach Gemeinschaftserfahrung, wollen die Teilnehmer:innen an der Gemeinsamkeit jedoch gleichzeitig auf Abstand halten. Sie wollen unbeschwert (von engen Bindungen) sein, doch diese Unbeschwertheit ist nur um den Preis der Vereinzelung zu haben. Sie wollen die Einsamkeit vermeiden, jedoch keine Beziehungen eingehen, die ihre Spontaneität beeinträchtigen. *Sie sehnen sich nach Gemeinschaft und sie fürchten Gemeinschaft. Das trifft auf alle Gemeinschaftsebenen zu.*

Der einfache Begriff »Gemeinschaft« packt Unterschiedliches zusammen. Es gilt in Wahrheit das alte *Modell der konzentrischen Kreise*: Man kann Gemeinschaften in unterschiedlicher Weise und in unterschiedlicher Intensität angehören. Man muss nicht deswegen, weil man Steirer ist, Nicht-Europäer sein. Man kann an beiden »Gemeinschaften« teilnehmen.[4] Denn »Europa« steckt im letzten Alpental. Europa scheint deswegen eine ferne Konfiguration (repräsentiert durch Brüsseler Bürokratien), weil die meisten Menschen gar nicht wissen, wie sie selbst durch und durch von einem europäischen Geist geprägt sind. *Denn Kultur funktioniert am besten, wenn sie gar nicht wahrgenommen wird.* Wenn man über Kulturelemente zu diskutieren beginnt, sind sie schon nicht mehr so selbstverständlich, dass sie das Dasein tragen können. Das Steirische und das Kroatische, das Katalonische und das Polnische – sie sind ganz verschieden und haben doch manche Gemeinsamkeiten. Kulturrelativisten und Multikulturalisten lehnen wertende Vergleiche von Kulturkonstellationen ab. Aber gerade im engen europäischen Raum finden sich keine homogenen Kleinkulturkreise, man stößt überall auf Einflüsse und Überlagerungen, auf Übernahmen und Diffusionen – eben auf das Verschiedene und das Gemeinsame. *Vielen macht es Freude, das eine und das andere zu entdecken, gerade von Region zu Region.*

Europas Überlebensbedingungen

Beim Blick auf die Weltlage gilt eine harte Bedingung. Wer nicht für *Europa* ist (und diese Haltung mit seiner »Seele« anreichert), versteht die Bedingungen und Gefährdungen seiner eigenen Existenz nicht mehr. Russland wird zehn Jahre nach Beendigung des Ukrainekriegs wieder »kriegstüchtig« sein; doch ob die europäischen Länder diese Dekade nutzen, um »verteidigungsfähig« zu werden, darf als

---

[4] Das kann gar nicht anders sein: Was bliebe von Europa, wenn man sich die Regionen wegdenkt? Europa ist natürlich ein Kompositum von Regionen. Deshalb »sind« alle Regionen auch Europa, und man kann die Regionen nicht »gegen« Europa ausspielen.

offene Frage betrachtet werden. *Manche Länder, die zur Wirklichkeitswahrnehmung fähig sind, haben ihre seinerzeit kluge Neutralitätsposition aufgegeben, um sich in die Verteidigung Europas einbetten zu können.* Wenn sich die USA unter dem Regime von Trumpoiden auf sich selbst konzentrieren, ist Europa eine leichte Beute. *Europas Überleben ist von Europas eigener Entschlossenheit abhängig.* Was der Ukrainekrieg bedeutet, hat das Bewusstsein der Europäer noch nicht ganz erreicht. Der Krieg hat sich über die letzten zwei Jahre »entwickelt«: Er hat als »alter« Krieg begonnen; nunmehr haben wir es mit einer Verflechtung von militärischen Materialien und Neuentwicklungen zu tun (intelligenten Raketen und insbesondere Drohnen), die eine neue Art der Kriegsführung erzwingen.[5] Es ist eine Selbstoffenbarung, dass die westliche Welt es nicht einmal schafft, die nötige Munition für die Ukraine zu produzieren, während Russland (mit einem Sozialprodukt in der Größe Italiens) eine Kriegswirtschaft hochgezogen hat, der der Westen nicht ausreichend begegnen kann. Das sind keine guten Vorzeichen für die Überlebensfähigkeit Europas, wenn es denn ernst wird.

Das Eintreten für Europa erfordert auch mit Blick auf das geistige »Innenleben« des Halbkontinents eine gewisse geistige Anstrengung – schließlich haben wir jüngst erlebt, wie die Wellen eines linken Antisemitismus und eines islamischen Antisemitismus quer durch Europa gerollt sind. Wenn man schon so schön im Protestieren war, hat man gleich die nächsten Auftritte »gegen Rechts« hinzugefügt.

---

[5] Im Falle, dass Europa an seiner Weiterexistenz Interesse haben sollte, gilt: Für jene Staaten, die sich in die NATO einbetten können, werden Verteidigungsaufwendungen von zwei Prozent des Sozialprodukts auf absehbare Zeit die Untergrenze sein müssen. (Falls irgendein Land an seiner

Selbst die Klimaaktivisten sind umgeschwenkt: Sie machen jetzt auf »antirechten« Kampf – und lassen dazwischen noch einmal Antisemitismus durchblitzen. Dass sich Klimaleugner, Impfgegner und Putinversteher zusammenrotten, ist ebenso bemerkenswert wie der Umstand, dass sich diese Wirklichkeitsdeutungen häufig bei denselben Personen finden. Dann geht es um den Protest an sich – zu beliebigen Themen. Von geistiger Anstrengung auf der Höhe der europäischen Geschichte ist nichts zu merken. *Europa kann nicht nur von äußeren Feinden attackiert werden, möglicherweise sind die psychopathologischen Verirrungen im Inneren viel destruktiver.*

Die nationale Konstellation

Die *Nationalstaaten* sind die eigentlichen Gefäße demokratischer Selbstbestimmung. *Die zeitweise geäußerte Idee, dass diese Form von Staatlichkeit sich in einer »postnationalen« Epoche demnächst dem Aussterben nähere, ist ein Unsinn.* Frankreich will sich nicht »auflösen«, auch Polen oder Ungarn nicht. Auch vom Ende der Staatlichkeit der USA oder Chinas kann nicht die Rede sein. Europa ist voll von »Nationalismen«, vom Balkan bis zu den britischen Inseln. Der Nationalstaat ist immer noch eine starke Bezugsebene für Gemeinschaftsgefühle. Das hat auch sachliche Gründe: Letztlich benötigt man für eine demokratische Ordnung die Bestimmung jener Menschengruppe, die als »Souverän« über die eigene Regierung und Selbstgesetzgebung zu bestimmen hat. Diese Aufgabe lässt

Neutralität festhalten wollte, müsste man das Doppelte veranschlagen, weil man das gesamte militärische Instrumentarium im eigenen Haus haben muss.)

sich nicht ohne weiteres in unübersichtlichen »Mehrebenenmodellen« (unterschiedliche Kompetenzverteilung auf übereinandergeschichtete politische Ebenen) aufteilen. Und die Idee eines Gesellschaftsvertrages ist zu dürftig, um jene Solidarität auszulösen, die den laufenden sozialstaatlichen Aufwand trägt, und erst recht jene Opferbereitschaft wachzurufen, die in härteren Zeiten erforderlich werden könnte. Zu einem kooperativen Nationalstaat als dem wesentlichen Gefäß des Gemeinschaftsbewusstseins gibt es auf absehbare Zeit keine Alternative.

Das konkrete Leben

Natürlich leben die Menschen, trotz Europa und Nation, vor Ort, in ihrer Alltagswelt, in den *Regionen*. Es sind viele unterschiedliche Elemente, die man mit der Idee von Region und Heimat verbindet: die wie auch immer gewordenen und gewachsenen Eigentümlichkeiten, Sitten und Gebräuche, Wertauffassungen und Alltäglichkeiten. Das, was man halt so tut; was selbstverständlich ist; worüber man nicht nachdenken muss. Man will in sozialen Interaktionen nicht die ganze Zeit enträtseln müssen, was gerade gespielt oder gemeint wird. ›Gemeinschaft‹ ist verbunden mit jener Form von Vertrautheit, die Umwelt und Menschen, Rituale und Alltag, Essen und Reden, Gewohntes und Traditionelles in eine Konfiguration fügt. Es sind auch Sprache, Körpersprache, Metaphern, Anspielungen, Ironie, Witz, Kunst. Es handelt sich um eine liquide und wandlungsfähige Sache, die auch Widersprüchlichkeiten oder Segmentierungen verträgt. *Regionale Identität ist kein homogenes Ganzes, welches vor jeder Kontamination geschützt werden muss. Aber Substrat muss auch bewahrt werden.* Die Theorie der konzentrischen Kreise lässt es zu, dass es Gemeinsamkeiten auf westlicher, europäischer, nationaler, regionaler und lokaler Ebene gibt – jeweils zu unterschiedlichen Themen, in unterschiedlicher Intensität, manchmal auch mit Inkonsistenzen zwischen den Ebenen. Die spätmoderne Welt hält mehr aus, als man manchmal glauben mag; aber sie hält nicht alles aus.

Ein Stück Dankbarkeit

Es wäre keine Unanständigkeit, wollte man Europa, seinen Nationen und Regionen eine gewisse *Dankbarkeit* entgegenbringen. Wer die Welt nur seinen »Ansprüchen« unterwirft, wird für solche Dankbarkeit kein Organ besitzen; aber er ist wahrscheinlich überhaupt ein ungeselliger Geselle. Doch es hat sich niemand »verdient«, in diesem Dreivierteljahrhundert an dieser Stelle der Welt zu leben; es handelt sich um einen Zufall, um ein Geschenk. Der Althistoriker Egon Flaig verweist (mit Seneca) darauf, dass wir den kleinsten Teil dessen, was wir sind und haben, selbst geschaffen haben (Flaig 2017, 398ff.); wir haben zunächst einmal eine riesige materielle und immaterielle Erbschaft übermittelt bekommen. Jeder, der nicht historisch völlig unbedarft ist, würde dasselbe sagen. Dieses Erbe ist mit der Metapher des Gesellschaftsvertrages nicht annähernd erfasst; vor jedem Gesellschaftsvertrag steht eine Bindung, ohne die auch der implizite Vertrag nicht möglich wäre. Wir können diese Bindung als »europäische Kultur« bezeichnen. *Wenn die Dankbarkeit gegenüber dieser Kultur verschwindet, dann lösen sich jene Gebilde auf, die wir als europäische Staaten kennen; der Untergang mag zwei oder drei Generationen dauern.*

Literaturverzeichnis

Durkheim, Émile (1992): Über soziale Arbeitsteilung. Studie über die Organisation höherer Gesellschaften. Frankfurt am Main: Suhrkamp.

Flaig, Egon (2017): Die Niederlage der politischen Vernunft. Wie wir die Errungenschaften der Aufklärung verspielen. Springe: zu Klampen.

Flora, Peter (1974): Modernisierungsforschung. Zur empirischen Analyse der gesellschaftlichen Entwicklung. Opladen: Westdeutscher Verlag.

Gellner, Ernest (1991): Nationalismus und Moderne. Berlin: Rotbuch-Verlag.

Hobsbawm, Eric J. (1991): Nationen und Nationalismus. Mythos und Realität seit 1780. Frankfurt am Main u.a.: Campus.

Maffesoli, Michel (1996): The Time of the Tribes. The Decline of Individualism in Mass Society. London u.a.: Sage.

Reicher, Dieter (2013): Nationensport und Mediennation. Zur Transformation von Nation und Nationalismus im Zeitalter elektronischer Massenmedien. Göttingen: V & R Unipress.

Thumann, Michael (2020): Der neue Nationalismus. Die Wiederkehr einer totgeglaubten Ideologie. Berlin: Die Andere Bibliothek.

Tönnies, Ferdinand (1991): Gemeinschaft und Gesellschaft. Grundbegriffe der reinen Soziologie. Neudr. der 8. Aufl. von 1935. Darmstadt: Wissenschaftliche Buchgesellschaft.

Wehler, Hans-Ulrich (1975): Modernisierungstheorie und Geschichte. Göttingen: Vandenhoeck & Ruprecht.

Die Welt ist (k)ein Dorf.
Zur künftigen Rolle Europas.

Immer mehr Menschen und Institutionen – nicht zuletzt die Europäische Union – machen sich Gedanken um die hinkünftige Rolle Europas. Nicht zu früh, wenn man sich die demografische Lage ansieht: Europa ist bislang wesentlicher Teil unserer Weltordnung. Doch Europa – und die USA – sind längst nicht mehr die (alleinigen) Weltmächte. Beispiel: Vor bald 79 Jahren wurde die UNO gegründet. Zu diesem Zeitpunkt, im Oktober 1945, war noch jeder vierte Mensch auf der Welt in Europa lebend. 2024 ist es jeder zehnte. Stimmen die Prognosen, so dürfte es gegen Ende des Jahrhunderts jeder 20. sein. Die Gewichtung ist in Begriff, sich deutlich zu verschieben. Gerade in internationalen Organisationen wird dem noch nicht Rechnung getragen – und auch viel zu wenig in Europa selbst. Wir müssen unser Selbstbild geraderücken und der Realität anpassen. Erst dann werden wir in Europa (wieder) handlungsfähig sein. Uns nicht nur mit uns selbst beschäftigen, sondern uns in der Weltordnung unseren neuen Platz schaffen. Doch da fängt es an – was bleibt uns? Sollen wir uns wirklich auf die Stellung als »Museum der Welt« beschränken? Europa in seiner sprachlichen, kulturellen und ethnischen Vielfalt präsentieren – und zwar nur darin? Wir sind mehr als das. Mehr als ein vielschichtiges Staatenmosaik. Was ist mit unserer Wirtschaftskraft? Mit der Vielfalt, die wir an Knowhow, Produkten, Dienstleistungen zu bieten haben? Im Rahmen der Globalisierung haben wir auf unsere USPs vergessen, so scheint es. Wenn wir uns zum Pfingstdialog unter dem Motto »Europas Regionen. Zukunft gestalten« zusammenfinden, so müssen wir genau dieser Leitidee auch da draußen in der Welt und im täglichen Leben, Rechnung tragen. Uns auf unsere Stärken besinnen. Nur so kann Europa auch in Zukunft wichtiger Teil dieser Welt bleiben.

Markus Mair

I. Säulen: Politik – Demokratie – Verantwortung

Karoline Edtstadler
Europa fängt in den Regionen an

Einleitung

2024 ist ein wichtiges Jahr für die Europäische Union (EU) – am 1. Mai begehen wir das 20-jährige Jubiläum der bisher größten Erweiterungsrunde in der Geschichte der Union, am 9. Juni finden in Österreich die Wahlen zum Europäischen Parlament statt und am 12. Juni feiern wir den 30. Jahrestag der Volksabstimmung über den Beitritt Österreichs zur EU. Auch aus diesem Anlass rückt die Europapolitik vermehrt ins Zentrum der Aufmerksamkeit – und das ist gut so. Denn es eröffnet die Möglichkeit, sich mit der europäischen Politik auseinanderzusetzen und bestehende Vorurteile gegenüber »der EU« auszuräumen. Gerade die Krisen der vergangenen Jahre und die globalen Entwicklungen der Gegenwart führen uns deutlich vor Augen, von welch unschätzbarem Wert dieses gemeinsame Europa ist. Die EU ist und bleibt ein Garant für eine bessere Zukunft und hat als solcher eine ungeminderte Anziehungskraft. Das zeigt sich nicht zuletzt am fortwährenden Beitrittswillen der aktuellen Kandidatenstaaten und Beitrittsbewerber.

Wir brauchen Europa und die EU mehr denn je und den Regionen kommt dabei eine ganze besondere Rolle zu. Mehr noch, Europa beginnt in meinem Verständnis genau dort, nämlich in den Regionen und Gemeinden.

Weil wir Europa brauchen!

Nie wieder Krieg in Europa! Diese Friedensvision stand nach den schmerzvollen Erfahrungen in Folge zweier verheerender Weltkriege am Beginn der Europäischen Integration. Der mittlerweile mehr als zwei Jahre andauernde russische Angriffskrieg gegen die Ukraine hat uns vor Augen geführt, dass Frieden und Sicherheit auf dem europäischen Kontinent leider keineswegs selbstverständlich sind. Doch wo stünden wir ohne die EU, die uns zusammen stärker macht, als es jeder Mitgliedstaat einzeln ist – eine EU in der wir trotz aller Unterschiede in Vielfalt geeint sind?

Die EU schafft für die Bürgerinnen und Bürger ein umfassendes Sicherheitsnetz – ob durch den Ausbau des Außengrenzschutzes, im Kampf gegen Terrorismus und Antisemitismus oder durch Maßnahmen zur Energieversorgung und für Energiesicherheit in den Mitgliedstaaten. Sie war stets und ist weiterhin ein **Friedens- und Sicherheitsversprechen** an die Menschen in Europa – und, nicht zu vergessen, darüber hinaus auch ein **Wohlstandsversprechen**. Österreich hat von der EU-Mitgliedschaft ökonomisch ganz besonders profitiert. Der Zugang zum EU-Binnenmarkt hat unsere Wirtschaft erheblich gestärkt, was sich in einem Anstieg der Einkommen und einer erhöhten Wettbewerbsfähigkeit unserer Unternehmen widerspiegelt. Auch die Exporte in andere EU-Länder sind gestiegen und haben zu einer wichtigen wirtschaftlichen Dynamik in der Exportnation Österreich beigetragen. Die EU-Mitgliedschaft trägt schlussendlich auch maßgeblich zu einem Mehr an Lebensqualität für die Bevölkerung bei und erleichtert das alltägliche Leben: sei es durch die Freiheit, überall in der

EU leben und arbeiten zu können, die Abschaffung der Roaming-Gebühren oder die Einführung des Euro als gemeinsame Währung.

Unbestritten ist auch, dass viele Herausforderungen der Gegenwart und Zukunft nur gemeinsam zu bewältigen sind – vom steigenden Migrationsdruck auf Europa über die globale Erwärmung bis hin zur digitalen Transformation. Die im Dezember vergangenen Jahres erzielte Einigung auf das weltweit erste Gesetz zur Regelung von Künstlicher Intelligenz (KI) unterstreicht die Vorreiterrolle der EU in wichtigen Zukunftsfragen. Auch die Investitionen in die Forschung zeigen, dass die EU ihr **Zukunftsversprechen** einlöst: 850 Millionen Euro sind über den Europäischen Forschungsrat seit 2007 allein in Österreichs Spitzenforschung geflossen.

In all diesen Bereichen entscheidet nicht eine weit entfernte »Brüsseler Bürokratie«, wie fälschlicherweise oft suggeriert wird. Im weltweit einzigartigen Mehrebenensystem der EU sind beschlossene Maßnahmen vielmehr das Ergebnis ausgiebiger Beratungen auf *allen* politischen Ebenen: der europäischen, der nationalen und der subnationalen Ebene. Die EU – das sind wir alle! Und ihr solides Fundament sind die Regionen und Gemeinden – ein Fundament, das die EU in einer Welt zunehmender globaler Herausforderungen mehr denn je braucht.

Regionen als Fundament der EU

Was auf europäischer Ebene beschlossen wird, hat konkrete Auswirkungen in den Regionen und Gemeinden – dort, wo die Menschen leben und arbeiten. Hier vor Ort werden EU-Projekte verwirklicht, EU-Recht umgesetzt und über die EU diskutiert. In den Regionen und Gemeinden, beginnt Europa.

EU-Projekte in den Regionen

Europas Regionen setzen unzählige Projekte aus den verschiedenen EU-Förderprogrammen um. Unterstützt durch EU-Mittel tragen diese Projekte wesentlich zur Weiterentwicklung der Regionen im Interesse der Bevölkerung bei – ob im Verkehrsbereich, beim Umwelt- und Klimaschutz oder in der Digitalisierung. Auch in Österreichs Bundesländern werden laufend EU-Projekte realisiert, wie etwa in Niederösterreich die Wiederbelebung des Thaya-Flusstals an der österreichisch-tschechischen Grenze[1] oder in Salzburg die Renaturierung der Salzachauen.[2] Dadurch wird die EU vor Ort erlebbar und lebendig.

Regionen in der Europapolitik

Europas Regionen bringen sich auch aktiv in die Politikgestaltung auf europäischer Ebene ein. Ein Großteil der EU-Rechtsvorschriften wird in den Regionen, den Städten und Gemeinden umgesetzt. Regionalpolitikerinnen und -politiker verfügen damit über wertvolle Expertise in einer Vielzahl europapolitischer Fragen. Diese Expertise anzuerkennen und aufzugreifen, stärkt die EU in der Erfüllung ihrer vielfältigen Aufgaben. Die regionale Perspektive ist oftmals eine wichtige Richtschnur bei der Frage, ob die

---

[1] Inforegio – Grenzüberschreitende Zusammenarbeit führt zu einer Wiederbelebung des Thaya-Flusstals (europa.eu).
[2] LIFE-Projekt Salzachauen – Land Salzburg.

Regelung einer Sachfrage am besten auf EU-Ebene aufgehoben ist oder stattdessen durch die Mitgliedstaaten oder die Bundesländer erfolgen sollte. Denn das vertraglich verankerte Subsidiaritätsprinzip gibt vor, dass Entscheidungen in der EU so bürgernah wie möglich getroffen werden müssen. Daher ist es richtig und wichtig, dass seit dem Vertrag von Lissabon auch die gesetzgeberisch tätigen Regionalparlamente in den Mitgliedstaaten am so genannten Frühwarnsystem zur Subsidiaritätskontrolle durch die nationalen Parlamente mitwirken können. Auch die österreichischen Landtage leisten damit einen wesentlichen Beitrag zu mehr Bürgernähe in der EU.

Europakommunikation durch Regionen

Europas Regionen fungieren als zentraler Ort für die Europakommunikation mit der Bevölkerung, der eine ganz besondere Bedeutung zukommt. Dieser direkte Austausch macht Europa und die EU für die Menschen greifbar und trägt dazu bei, Informationslücken zu schließen und, wo notwendig, Vorurteilen mit Fakten zu begegnen.

Österreich hat die wichtige Funktion der Regionen und Gemeinden in der Europakommunikation erkannt und die Initiative der Europa-Gemeinderätinnen und Europa-Gemeinderäte ins Leben gerufen. Diese Initiative steht exemplarisch für den Grundsatz, dass Europa in den Gemeinden und Regionen seinen Anfang nimmt. Als Bundesministerin für die Europäische Union sehe ich täglich, wie wichtig die Rolle der Europa-Gemeinderätinnen und -Gemeinderäte ist. Sie sind Brücke und Sprachrohr zwischen der EU und den Bürgerinnen und Bürgern auf lokaler Ebene und erste Ansprechpartner für Fragen und Anliegen zur Europäischen Union in ihren Gemeinden.

Aktuell zählt diese parteiübergreifende Initiative über 1.600 Mitglieder in ganz Österreich. Diese engagierten Lokalpolitikerinnen und -politiker spielen eine entscheidende Rolle dabei, Europa greifbar und verständlich zu machen. Sie informieren über EU-Themen, leiten Diskussionen und fördern das Verständnis für europäische Prozesse und Entscheidungen.

Zur Unterstützung ihrer Arbeit erhalten die Europa-Gemeinderätinnen und -Gemeinderäte regelmäßig vom Bundeskanzleramt bereitgestellte Informationen in Form eines Magazins (»Unser Europa. Unsere Gemeinde«) sowie einen monatlich erscheinenden Newsletter. Fortbildungen, Informationsreisen nach Brüssel und regelmäßige Netzwerktreffen werden angeboten, um den Austausch zu fördern und aktuelles Wissen über die EU zu vermitteln. Diese Maßnahmen tragen ganz wesentlich dazu bei, dass die Europa-Gemeinderätinnen und -Gemeinderäte als kompetente Mittler und Gestalter in ihren Gemeinden agieren können.

Die letztjährige Tagung in Innsbruck und die regelmäßigen Brüssel-Reisen sind Beispiele für das Engagement und die kontinuierliche Weiterbildung, die diese Initiative fördert. In Brüssel erhalten die Europa-Gemeinderätinnen und -Gemeinderäte einen Einblick in die Arbeit der EU-Institutionen, um die gewonnene Expertise anschließend in ihre Arbeit in den Gemeinden einzubringen.

Kritische Auseinandersetzung als Voraussetzung für Wandel

Trotz all ihrer Errungenschaften muss die EU auch kritisiert werden dürfen. Konstruktive Kritik ist nicht nur ein wesentlicher Bestandteil jeder lebendigen Demokratie, sie ist auch Grundvoraussetzung für Veränderung und positiven Wandel. Es liegt daher in unserer Verantwortung, die Stimme zu erheben, um auf allfällige Fehlentwicklungen und Verbesserungsbedarf in der EU-Politik hinzuweisen. Diese kritische Auseinandersetzung und der offene Dialog sind unabdingbar, damit die EU neuen Herausforderungen erfolgreich begegnen und den Ansprüchen der Bürgerinnen und Bürger gerecht werden kann.

Gleichzeitig dürfen wir nie vergessen, wo wir heute ohne die EU stünden, die den Bürgerinnen und Bürgern in einer Welt zunehmender geopolitischer Spannungen Frieden, Sicherheit und Wohlstand gebracht und dabei stets die europäischen Werte hochgehalten hat.

Als Bundesministerin für die Europäische Union sehe ich es als meine Aufgabe, meinen Beitrag zur weiterhin positiven Entwicklung der EU zu leisten – eine Aufgabe, der ich mit Freude und Zuversicht nachgehe. Denn wir brauchen diese EU – und diese EU braucht unser Engagement. Ihre Zukunft liegt nicht allein in Brüssel, sondern in jeder Gemeinde, jedem Dorf und jeder Stadt. Europa fängt in den Gemeinden und Regionen an, und dort wird auch seine Zukunft geschrieben.

Europa muss sich verändern, um in der neuen Weltordnung bestehen zu können

Die Krisen und Kriege der Gegenwart sind Symptome einer tiefgreifenden geopolitischen Umwälzung. Um ihr Lebensmodell und ihren Stellenwert in der Welt aufrechtzuerhalten, muss sich die Europäische Union zukunftstauglich machen. In mindestens vier zentralen Bereichen sind Veränderungen unerlässlich: Erstens sollte Europa zu einer Sicherheitsunion werden und in der Lage sein, sich künftig auch ohne Unterstützung der USA zu verteidigen. Zweitens ist es dringend geboten, dass die EU den Binnenmarkt vollendet. Denn die gemeinsame Marktmacht ist der größte und wirksamste Hebel, den Europa im internationalen Wettbewerb hat. Drittens muss die Union ihre Kräfte bündeln, um seine Forschungs- und Innovationsleistung zu erhöhen. Im Moment ist der Kontinent Spitzenreiter bei Regulierungen aller Art, nicht aber bei der Entwicklung neuer Technologien. Viertens wird die EU nicht umhinkommen, sich vor ihrer Erweiterung institutionell neu aufzustellen und andere budgetpolitische Schwerpunkte zu setzen als bisher. Eine EU der 35 lässt sich im gegenwärtigen Modus nicht mehr steuern, sie ist schon mit 27 Mitgliedern nicht wendig genug. Österreich gehört ins Zentrum der EU und nicht an die Peripherie der destruktiven Nörgler. Notwendige Kritik hilft doppelt, wenn sie mit Verbesserungsvorschlägen verknüpft ist. Die Zeiten sind zu ernst, um für ein paar billige innenpolitische Punkte oberflächliches EU-Bashing zu betreiben. Mein Wunsch: Österreich möge sich doch bitte mit konstruktiven Ideen einbringen, um das europäische Projekt so voranzutreiben, dass es im Ringen um die neue Weltordnung bestehen kann.

Christian Ultsch

Anton Lang
Für unsere steirischen Regionen!

Immer noch kämpfen wir in ganz Europa mit großen Aufgaben. Schon die Corona-Pandemie hat uns alle vor Herausforderungen gestellt, die wir in dieser Form nicht kannten. Leider sind wir auch noch immer mit einem fürchterlichen Krieg auf europäischen Boden konfrontiert, der nach wie vor unfassbares menschliches Leid mit sich bringt. Zusätzlich hat die massive Teuerungswelle tausende Menschen und auch die öffentlichen Haushalte enorm belastet. Darüber hinaus macht uns auch der Klimawandel weiter zu schaffen und verlangt weitreichende Maßnahmen, damit auch künftige Generationen eine lebenswerte Umwelt vorfinden.

Gerade in so herausfordernden Zeiten ist es die Aufgabe der Politik dennoch in die Zukunft zu investieren. Daher bin ich sehr froh, dass wir als Steiermärkische Landesregierung genau das tun und trotz schwieriger Rahmenbedingungen in unser Bundesland investieren. Durch unsere umsichtige Budgetpolitik ist es gelungen, jenen Spielraum zu schaffen, den es für wichtige Zukunftsvorhaben braucht. Deshalb war es auch möglich ein ausgesprochen gutes Gehaltspaket für unsere Mitarbeiterinnen und Mitarbeiter in der KAGes zu beschließen. Zudem haben wir auch im Bereich der Elementarpädagogik die Rahmenbedingungen für Pädagoginnen und Pädagogen und Betreuerinnen und Betreuer wesentlich verbessert.

Darüber hinaus haben wir vielen Steirerinnen und Steirern mit unserer Wohnbauoffensive weiß-grün unter die Arme gegriffen und Mieten deutlich gesenkt. Allein für dieses Paket nehmen wir mehr als 120 Millionen Euro in die Hand. Ein wesentlicher Teil unserer Arbeit in der Steiermark besteht darin unsere steirischen Regionen noch lebenswerter zu machen. Daher unterstützen wir die steirischen Städte und Gemeinden auch bei der Umsetzung vieler Projekte. Besonders wichtig dabei ist der weitere Ausbau der Kinderbildung und -betreuung, damit die Vereinbarkeit von Familie und Beruf künftig noch besser funktioniert.

Zudem braucht es eine gut ausgebaute Infrastruktur. Dazu gehören Schulen, Freizeiteinrichtungen aber auch gute Bedingungen für unsere Feuerwehren und die Rettung, die ehrenamtlich tausende Stunden für die Steirerinnen und Steirer leisten. Als Verkehrsreferent spielt die Mobilität der Menschen in diesem Land für mich eine sehr große Rolle. Sie ist aus meiner Sicht für die Menschen in den steirischen Regionen ein wesentlicher Teil des Lebens. Ich bin daher sehr froh, dass wir auch im Jahr 2023 unseren erfolgreichen Weg im Verkehrsressort fortgesetzt haben. Dazu zählt vor allem der Ausbau des öffentlichen Verkehrs und die weitere Umsetzung unserer Radverkehrsstrategie. Nach einem kurzen Einbruch während der Corona-Pandemie erfährt der öffentliche Verkehr im Moment ein echtes Comeback. Zahlreiche Angebotsverbesserungen, neue Fahrgast-Rekorde und das Überschreiten der 100.000er-Marke an aktiven Klima-Tickets in der Steiermark sind nur einige Highlights, die zeigen, dass das Jahr 2023 ein sehr erfolgreiches für den öffentlichen Verkehr in der Steiermark war. Man sieht klar: Die Investitionen in den öffentlichen Verkehr haben sich ausgezahlt. Mit mehr als 450.000 Einsteigerinnen und Einsteiger pro Werktag und 110 Millionen

Fahrten jährlich haben die steirischen »Öffis« bewiesen, dass sie eine unverzichtbare Säule der steirischen Mobilität sind.

Auch der Ausbau der Radinfrastruktur in den steirischen Regionen ist im Jahr 2023 weiter vorangeschritten. Allein in der Stadt Graz werden bis zum Jahr 2030 100 Millionen Euro investiert, um weitere Verbesserungen für die immer mehr werdenden Radfahrerinnen und Radfahrer zu schaffen. Erstmals haben wir im vergangenen Jahr auch eine eigene Strategie für Fußgängerinnen und Fußgänger präsentiert. Damit wollen wir auch die schwächsten Verkehrsteilnehmer in den Vordergrund rücken und gemeinsam für noch mehr Verkehrssicherheit sorgen.

Diese Maßnahmen sind ein wesentlicher Beitrag für den Klimaschutz, der in der Steiermärkischen Landesregierung ressortübergreifend gedacht wird. Dies zeigen auch zahlreiche Maßnahmen im Bereich des Straßenerhaltungsdienstes. Neben dem Ausbau der öffentlichen Verkehrsmittel braucht es aber auch gut ausgebaute und sanierte Straßen. Daher haben wir auch im vergangenen Jahr viel Geld in die Instandhaltung des steirischen Straßennetzes investiert. Dies ist für tausende Pendlerinnen und Pendler und die heimische Wirtschaft von enormer Bedeutung. Als Landesregierung werden wir uns auch weiterhin für die beiden Großprojekte B68 und B70 einsetzen. Zudem werden wir bei der Bundesministerin auch den Ausbau der A9 einfordern, denn es muss unser Ziel sein den Ausweichverkehr von den Landesstraßen wieder zurück auf das höherrangige Straßennetz zu bekommen, um die Bewohnerinnen und Bewohner in den betroffenen Gemeinden endlich zu entlasten. In der Steiermark setzen wir viele Maßnahmen um, die das Leben in unseren steirischen Regionen noch lebenswerter macht. Gemeinsam mit unseren Städten und Gemeinden werden wir diesen Weg auch in Zukunft weitergehen, denn die großen Herausforderungen können wir nur alle gemeinsam lösen. Ich freue mich sehr, dass es in diesem Jahr bereits zum zwölften Mal den Pfingstdialog »Geist und Gegenwart« gibt, bei dem die Herausforderungen und Problemstellungen einmal mehr reflektiert werden. Damit trägt die Veranstaltung zu einem nachhaltigen Zukunftsdialog bei, wofür ich mich bei allen Verantwortlichen sehr herzlich bedanke. Ich wünsche dem Pfingstdialog 2024 einen tollen Verlauf und zahlreiche spannende Gespräche.

In diesem Jahr 2024 wird viel von Europa, konkret der Europäischen Union, die Rede sein – vielleicht (und hoffentlich) mehr als sonst: Denn zwischen 6. und 9. Juni sind rund 350 Millionen Bürgerinnen und Bürger aufgerufen, die Zusammensetzung des zehnten Europaparlamentes zu bestimmen. Dass Europa und die EU auf der politischen Agenda weit(er) oben angesiedelt sind, werden alle begrüßen, die über den Tellerrand hinausblicken und dabei sehen, was rund um und mit Europa gerade geschieht. Wir brauchen vor dem Hintergrund der Entwicklung Russlands und einer ungewissen Zukunft jenseits des Atlantiks mehr denn je ein einiges, starkes, selbstständiges und soziales Europa, das die Herzen und die Hirne der Menschen gleichermaßen erreicht und der Diffamierung als Brüsseler Bürokratie überzeugend entgegentritt. Europa mag ein Machtzentrum in Brüssel (und in den europäischen Hauptstädten) haben, aber dieses Europa braucht mindestens ebenso sehr Kraftzentren in seinen Regionen, in denen die Zukunft der Menschen spürbar dort gestaltet wird, wo sie zu Hause sind. Kaum jemand wird bestreiten, dass in Sonntagsreden gerne das Hohelied auf ein Europa der Regionen gesungen wird. Aber das reicht natürlich nicht. Deshalb bin ich insbesondere der Ansicht, dass sich der Ausschuss der Regionen zu ihrer unüberhörbar starken Stimme dringend selbstermächtigen sollte.

Doris Kampus

Werner Amon

Alpen-Adria-Allianz – europäische Integration aus der Region für die Region

Der Juni 2024 markiert erneut das Hochamt europäischer Demokratie, wenn rund 400 Mio. Menschen aufgerufen sind, ihre Vertreter*innen für das Europäische Parlament (EP) zu wählen. Auch in der nächsten Legislaturperiode werden die EU-Parlamentarier*innen im Trilog mit der Europäischen Kommission (EK) und dem Europäischen Rat Lösungsansätze für die globalen Herausforderungen der Zukunft, etwa den Klimawandel oder Künstliche Intelligenz, auf den Weg bringen. Die gemeinsam gefassten Beschlüsse verbleiben dabei nicht auf einer Metaebene, sondern werden mitunter weitreichende Auswirkungen auf alle Bürger*innen in der Europäischen Union, ihren Regionen, Städten und Gemeinden haben.

Die Steiermark wird von diesen Beschlüssen keineswegs nur passiv berührt, sie ist vielmehr aktiv in den Diskussions- und Mitbestimmungsprozess eingebunden – sowohl durch ihre EP-Abgeordneten als auch ihre Vertretung im Ausschuss der Regionen (AdR), die ich als Landesrat für Europa, Internationale Angelegenheiten, Bildung und Personal wahrnehmen darf. Demokratische Entscheidungen, die sich auf Hunderte Millionen von Menschen auswirken, kommen dabei freilich nicht im Alleingang Einzelner zustande, sondern über das Instrument des Kompromisses. Grundlage für die Erreichung solcher Kompromisse sind Allianzen, die zwischen EU-Staaten, sehr oft jedoch auch auf interregionaler Ebene entstehen.

Eine Allianz im übertragenen wie im wörtlichen Sinn, die aus einem mittlerweile jahrzehntelangen konstruktiven Austausch erwachsen ist und symbolhaft für Stabilität in der interregionalen Zusammenarbeit ebenso steht wie für den erfolgreichen europäischen Integrationsprozess, ist die Alpen-Adria-Allianz (AAA) bzw. ihre Vorgängerorganisation Arbeitsgemeinschaft Alpen-Adria (ARGE). Bereits seit 2022 hält die Steiermark den Vorsitz der Allianz inne, und wurde am 28. November bei ihrer Ratssitzung in Brüssel für eine zweite Vorsitzperiode in den Jahren 2024 und 2025 wiedergewählt.

Die ARGE Alpen-Adria wurde 1978, also bereits ein Jahr vor der ersten EP-Direktwahl, ins Leben gerufen, als der »Eiserne Vorhang« noch Realität war. Diese Zusammenarbeit war weltpolitisch einzigartig: Nirgendwo sonst kooperierten damals Regionen aus NATO- und Warschauer Pakt-Staaten mit neutralen und blockfreien Staaten grenzüberschreitend in freundlicher Verbundenheit. Triebfeder für die Zusammenarbeit in dieser ARGE war die Friedensarbeit und -sicherung. Ihr Ziel war es, über projektbezogene Kooperationen in einem der sprachlich, kulturell und landschaftlich vielfältigsten Lebensräume des Kontinents das Miteinander, zumal in einem zusammenwachsenden Europa, in den Mittelpunkt des eigenen Handelns zu stellen.

Die ARGE Alpen-Adria zeichnete sich von Beginn an durch ein gleichermaßen freundschaftliches wie zielorientiertes Zusammenspiel von Partnern über geografische und ideologische Grenzen hinweg aus – die Teilrepubliken des damaligen Jugoslawiens sowie Ungarn lagen noch hinter dem »Eisernen Vorhang« – und stellte gleichzeitig eine interregionale »Probebühne« für die Europäische Integration dar. Das alles geschah zu einer Zeit, als sich die europäischen Partner noch in einer vorrangig wirtschaftlichen Gemeinschaft befanden denn in einer politischen Union, und mitunter noch lange, bevor die Nationalstaaten der meisten ARGE Alpen-Adria-Mitglieder Teil dieser Union werden sollten.

Mit niederschwelligen Projekten, etwa in den Bereichen Kultur, Sport, Jugend und Bildung, schufen die ARGE-Partner Verständnis füreinander, Vertrauen zueinander und Verbindungen miteinander, die bis zum heutigen Tag Bestand haben und ein wesentliches Fundament für ein Europa der Regionen in diesem Teil der EU bilden. Gut in Erinnerung sind etwa die Alpen-Adria-Jugend-Sommer- und Winterspiele, gleichsam Olympische Spiele im Kleinformat, später wurde der inhaltliche Bogen um Themen wie Tourismus, Gesundheitsvorsorge oder Lebenslanges Lernen erweitert.

Zu ihrer Blütezeit in den 1990er-Jahren zählte die ARGE rund 20 Mitglieder – von Bayern im Nordwesten bis Kroatien im Südosten – und verfügte über ein jährliches, aus Mitgliedsbeiträgen gespeistes Projektbudget von umgerechnet rund 200.000 Euro. In den Folgejahren traten die Nationalstaaten der AA-Mitgliedsregionen nach und nach der EU bei, die wiederum den Zugang zu anderen Plattformen der interregionalen Zusammenarbeit eröffnete. Als unmittelbare Folge setzte ein Mitgliederschwund innerhalb der ARGE ein. Es zeichnete sich ab, dass im Umfeld von Einrichtungen und Instrumenten wie dem AdR, dem

Europäischen Verbund für Territoriale Zusammenarbeit oder den Makroregionen, vor allem auch vor dem Hintergrund der großen EU-Osterweiterung im Jahr 2004, Rolle und Bedeutung der ARGE Alpen-Adria neu eingeordnet werden mussten.

Mit dem EU-Beitritt Kroatiens im Jahr 2013 wurde schließlich das Kernziel der ARGE, die Integration all ihrer Mitglieder in die EU, erreicht. Dieser Erfolg, 35 Jahre nach der Gründung der ARGE, warf zwangsläufig die Frage auf: Quo vadis Alpen-Adria? Schnell war man sich unter den verbliebenen Mitgliedern einig, dass die historische Pionierarbeit auch einen Wert für die Zukunft eines Europas der Regionen hatte und daher die multilateralen Kooperationen und Projekte, fortan unter dem Namen Alpen-Adria-Allianz, weitergeführt werden sollten.

In zehn Jahren wurden auf diese Weise mehr als 300 Projekte gefördert, denen gemein ist, dass sie zum einen die Vielfalt der AAA-Region abbilden, zum anderen aber auch wechselseitige Einblicke in die Traditionen und Innovationen des unmittelbaren Nachbarn gewähren und gerade so ein Verständnis für das Gegenüber schaffen. Verständnis füreinander ist die Basis für ein friedvolles Miteinander.

Friedensarbeit war, wie erwähnt, der Ausgangspunkt für die ARGE Alpen-Adria in einer Zeit eines sich konsolidierenden Europas. Darauf folgte eine verhältnismäßig lange Phase wirtschaftlichen und politischen Aufschwungs, Frieden, zumal in Europa, verblasste scheinbar zu einem nur noch schwer greifbaren Konzept, da dessen Fehlen nahezu als Unmöglichkeit angenommen wurde. Die jüngere Vergangenheit auf dem europäischen Kontinent und in Nahost hat indes gezeigt, dass Friedensarbeit – insbesondere unter Nachbarn – kein überkommenes Konzept, sondern heute notwendiger denn je ist.

Die Distanz, die etwa zwischen steirischer und ukrainischer Grenze liegt, ist vergleichbar mit jener zwischen Graz und Berlin. Die geopolitischen Implikationen des russischen Angriffskriegs reichen indes weiter, bis in den Westbalkan hinein, einem der Steiermark traditionell eng verbundenen Nachbarschaftsraum. Dieser befindet sich nicht nur an der bislang unüberwundenen Schwelle zur EU, sondern gleichzeitig im Spannungsfeld globaler Player wie China, der Türkei, den Vereinigten Arabischen Emiraten – und Russland.

Diese geopolitischen Entwicklungen in Europa entfalten durchaus auch Momentum für die Alpen-Adria-Allianz und die Steiermark, die seit 2022 und noch bis Ende 2025 den Vorsitz im AA-Rat führt. So hat sich der steirische Vorsitz – in Korrelation mit einem Westbalkanschwerpunkt, der jeweils in der außenpolitischen Arbeit von EK, Österreichischer Bundesregierung und Land Steiermark einen besonderen Stellenwert einnimmt – das Ziel gesetzt, die Länder und Regionen des Westbalkans über eine Mitgliedschaft in der Alpen-Adria-Allianz bei deren EU-Integrationsbemühungen zu unterstützen. Mit dem AAA-Beitritt der serbischen Autonomen Provinz Vojvodina im Juli 2023 ist bereits ein erster wichtiger Schritt gelungen, mit Nordmazedonien und Albanien sollen demnächst weitere Meilensteine gesetzt werden. Die Steiermark greift somit den Ursprungsgedanken der ARGE Alpen-Adria auf und setzt sich im Rahmen ihres Vorsitzes zum Ziel, Nationalstaaten auf ihrem Weg in die Europäische Union bestmöglich zu begleiten.

Die Alpen-Adria-Allianz wirkt mit ihrem Engagement nicht nur nach innen, indem sie über bodenständige Projektarbeit Vertrauen und Zusammenhalt zwischen ihren Mitgliedsregionen stärkt, sie hat zudem vor allem das Potenzial, Sprachrohr für die Anliegen ihrer Mitglieder gegenüber den europäischen Institutionen zu sein und die Tür eben dorthin für jene offenzuhalten, die den Schritt über oben erwähnte Schwelle noch nicht gegangen sind. Dieses Potenzial will der steirische Vorsitz heben, indem er die Arbeit der Alpen-Adria-Allianz auf europäischer Ebene sichtbarer macht. So konnte die Steiermark im November 2023 mit der Ausrichtung einer AA-Ratssitzung in Brüssel ein deutliches Ausrufezeichen für die europäische Dimension der Allianz setzen, die in 45 Jahren alpenadriatischer Zusammenarbeit nicht an Bedeutung verloren, sondern, im Gegenteil, gewonnen hat.

Als Sitzungsort wurde nicht zufällig der AdR gewählt: Die Alpen-Adria-Allianz hat sich zum Ziel gesetzt, sich mit den institutionalisierten Regionalvertretungen in der EU zu vernetzen, gemeinsame Plattformen zu bilden und möglichst eng zu kooperieren. Nicht aus Selbstzweck, sondern weil dieses Europa der Regionen – damals wie heute – zeigt, was es durch eine Bündelung der Kräfte zu leisten imstande ist.

Gesunde Regionen – Gesunde Zukunft

Wissen ist Macht – vor allem, wenn es um Entscheidungen geht, die die eigene Gesundheit betreffen. Vieles, was früher an Gesundheitswissen von Generation zu Generation ganz nebenbei weitergegeben wurde, wird leider immer weniger. Kompensiert wird das durch den Blick ins Internet oder den direkten Weg ins Spital. Sicher: Wenn es Angehörigen, und insbesondere Kindern, nicht gut geht, will man sofort etwas tun. Gerade dann ist es aber wichtig, rasch zu wissen, wo in dieser Situation die richtige Anlaufstelle ist.

»Best point of service«
Die Stärke unseres Gesundheitssystems liegt in seiner Vielfalt: Angefangen bei den Hausärztinnen und Hausärzten, den Gesundheitszentren, den Fachärztinnen und Fachärzten im niedergelassenen Bereich bis hin zu den Spitälern und dem Universitätsklinikum. Es gibt für jeden Fall die passende Gesundheitseinrichtung. Steiermarkweit. Dem vorgelagert funktioniert die Gesundheitshotline 1450 als erste Anlaufstelle und Navigationssystem, das einerseits Hilfe zur Selbsthilfe bietet und andererseits die Anrufenden zum »best point of service« lotst. Jeden Tag, rund um die Uhr.
Ergänzt wird das durch unser Notarzt- und Rettungswesen, das zu den besten der Welt zählt. Tief verwurzelt in den Regionen lebt es von den engagierten hauptamtlichen und ehrenamtlichen Mitarbeiterinnen und Mitarbeitern, die vor Ort im Einsatz sind. Für die Menschen in der Steiermark.

Gesundheitskompetenz stärken
Die Politik schafft den Rahmen für ein funktionierendes Gesundheitssystem. Die Mitarbeitenden im Gesundheitswesen unterstützen die ihnen anvertrauten Patientinnen und Patienten auf dem Weg der Genesung, aber auch am Ende des Lebensweges. Es liegt aber an jeder und jedem Einzelnen, sich für die eigene Gesundheit zu interessieren und Schritte zu setzen, um nicht nur möglichst lange zu leben, sondern möglichst lange gesund zu leben. Wir haben es selbst in der Hand.

Karlheinz Kornhäusl

Inmitten der dynamischen Landschaft der europäischen Gesundheitspolitik und der drängenden Fragen, die unsere Gesellschaft bewegen, stehen Europas Regionen vor einem entscheidenden Moment. Die Antwort auf Hot Topics, wie etwa die Zukunft der Gesundheitsversorgung, hängt maßgeblich von der wissenschaftlichen Forschung und den daraus abgeleiteten Innovationen ab. Die Medizinische Universität Graz ist sich ihrer Verantwortung in diesem dynamischen Prozess bewusst, weshalb sich die Mitarbeiter*innen ganz im Sinne des universitären Leitgedankens »Pioneering Minds« aktiv für die Entwicklung und Implementierung zukunftsweisender Lösungen engagieren. Durch ihre vielfältigen Forschungsaktivitäten und die universitäre Lehre trägt die Med Uni Graz dazu bei, die Herausforderungen im Gesundheitswesen zu verstehen und Lösungsansätze zu diskutieren und zu entwickeln. Dabei liegt ein besonderer Fokus auf der engeren Verzahnung von Wissenschaft und Praxis, um die Wirksamkeit von medizinischen Maßnahmen zu verbessern und die Patient*innenversorgung zu optimieren.

Durch ihre enge Zusammenarbeit mit regionalen Partnern und internationalen Netzwerken ist die Medizinische Universität Graz bestrebt, eine führende Rolle bei der Entwicklung und Implementierung von Gesundheitsstrategien zu übernehmen. Ihr Engagement erstreckt sich über verschiedene Bereiche, von der klinischen Forschung bis hin zur aktiven Teilnahme an der Lösung brennender Fragen zur Gesundheitspolitik, wodurch die Universität maßgeblich dazu beiträgt, eine gesunde Zukunft für Europas Regionen zu gestalten.

Andrea Kurz

Franz Schausberger

Schwache Regionen – schwache Demokratie
Die europäischen Regionen seit dem Vertrag von Lissabon

1. Dezentralisierung und Regionalisierung als Folge des Vertrags von Lissabon

Der am 1. Dezember 2009 in Kraft getretene Vertrag von Lissabon brachte für die Regionen und auch für die Kommunen einen gewaltigen Schub nach vorne, indem er ihnen mehr Rechte und Mitsprachemöglichkeiten einräumte.

Das Prinzip der Subsidiarität wurde als eine der tragenden Säulen der Europäischen Union wesentlich gestärkt. Es legt fest, dass grundsätzlich die EU erst dann tätig werden soll, wenn eine andere politische Ebene (der Nationalstaat, die Region oder die Gemeinde) dies nicht eben so gut regeln kann. Nicht nur die nationalen Parlamente, sondern auch der Ausschuss der Regionen erhielten stärkere Kontroll- und Einspruchsmöglichkeiten zur Einhaltung des Subsidiaritätsprinzips. Erstmals in der Geschichte der EU wurde auch die kommunale Selbstverwaltung im Primärrecht der EU verankert.

Insgesamt eine gute Grundlage dafür, Europa dezentraler, regionaler zu machen und die Macht im Sinne der »Multi-Level-Governance« auf mehrere Ebenen aufzuteilen und damit insgesamt die Demokratie zu stärken. Als Folge davon ging tatsächlich ein Ruck der Dezentralisierung und Regionalisierung durch Europa. Man erkannte, dass die Regionen nicht bloß »Umsetzungsagenturen« für Politiken und für Rechtsakte der Europäischen Union sind. Sie haben eigene – wenn auch sehr unterschiedliche – Kompetenzen und wollen ihre politischen, wirtschaftlichen und rechtlichen Gestaltungsspielräume verteidigen und ausbauen sowie die politische Verantwortlichkeit gegenüber ihren Bürgerinnen und Bürgern konsequent wahrnehmen.

Nur so könne sich – das war die gängige Meinung – ein demokratisches, bürgernahes und handlungsfähiges Europa, das das Vertrauen seiner Bürgerinnen und Bürger genießt, erfolgreich weiterentwickeln. Ein Europa, das die regionalen Identitäten und Kulturen bewahrt und achtet. Ziel war also – zwar nicht ein »Europa der Regionen« – aber ein »Europa mit starken Regionen«.

Sogar traditionell zentralistische Staaten, wie etwa Frankreich, wo die Regionen 1972 eingerichtet, in der Folge bis 2015 mehrfach gestärkt wurden, oder föderalistische Staaten, wie etwa Deutschland, das nach mehrjährigen Debatten 2006 eine umfassende Föderalismusreform umsetzte, schlossen sich diesem dezentralisierenden Reformschub an. In Rumänien wurde 2013 ein umfassender Prozess der Dezentralisierung und Regionalisierung mit dem Ziel einer Modernisierung des öffentlichen Verwaltungssystems in Gang gesetzt und ein Dezentralisierungsgesetz dem rumänischen Parlament zugeleitet. Nachdem der Verfassungsgerichtshof den Gesetzesentwurf für verfassungswidrig erklärte, wurde das Projekt schubladisiert und nie mehr weiterverfolgt.

Auch in Serbien gab es ab dem Jahr 2009 eine umfassende Diskussion über eine Dezentralisierung und Regionalisierung des Landes, konkrete Konzepte dazu wurden bereits ausgearbeitet. Mit der Parlamentswahl 2014 waren alle Ambitionen in diese Richtung wieder zu Ende, der Zentralismus feiert seither fröhliche Urständ'.

In Italien, das seit der Verfassung 1948 ein dezentralisierter Einheitsstaat war, führte eine »Föderalismusdebatte« in den 1980er- und 1990er-Jahren im Jahr 2001 zu einer Verfassungsreform, durch die die Dezentralisierung weit ausgebaut wurde. In weiterer Folge sollte Italien zu einem Bundesstaat umgewandelt werden, was allerdings an einer Volksabstimmung 2006 scheiterte. Dann einsetzende Versuche einer Rezentralisierung wurden 2016 ebenfalls durch das Wahlvolk abgelehnt, sodass alles beim Alten blieb.

2. Die Finanzkrise und die Regionalisierung

Dann kam die Finanzkrise 2008 aus den USA mit etwas Verzögerung auch nach Europa und führte von 2010 bis 2012 zu einer Staatsschuldenkrise. Diese gab den Zentralisten die ersehnte Möglichkeit, die erstarkten Reformbemühungen Richtung Dezentralisierung und Aufteilung der politischen Macht auf nationale, regionale und kommunale Ebene zum Erliegen zu bringen. Die beabsichtigte Gewaltenteilung und die damit verbundene fiskalische Dezentralisierung wurden zunehmend als Gefahr für die Sanierung verunglimpft. Die Sparmaßnahmen, die in ganz Europa erforderlich wurden, nahmen die Zentralisten freudig zum Vorwand für eine neuerliche Zentralisierung der politischen Macht und für einen umgehenden Stopp der eben erst eingesetzten Dezentralisierungsreformen. Bewusst oder unbewusst wurde das Killerargument eingesetzt, wonach öffentliche Dienstleistungen durch Übertragung auf die Ebene der Zentralregierung kosteneffizienter erbracht werden könnten.

Das Gegenteil ist der Fall: Lokale und regionale demokratische Vertretungen sind als bürgernahe Institutionen am besten in der Lage, die Bedürfnisse der Menschen in Krisenzeiten zu definieren und darauf (auch kostengünstig) zu reagieren. Letztendlich aber ging es darum, Macht zu zentralisieren und damit die regionale und lokale Demokratie zu schwächen.

3. Je autoritärer desto zentralistischer

Ein weiterer Faktor für die Schwächung des Regionalismus in Europa ist die Entwicklung in manchen EU-Staaten in die Richtung rechtsnationalistischer aber auch linksnationalistischer, jedenfalls aber populistisch-autoritativer Regierungssysteme. Die Regierungen etwa in Ungarn und bis 2023 in Polen oder neuerdings in der Slowakei (um nur drei Beispiele zu nennen) hatten bzw. haben eine klare Zentralisierung zum Ziel. Dezentralisierung und Regionalisierung bedeuten Abgabe von Macht an die unteren Ebenen, was natürlich für mehr oder weniger autoritäre Regierungen nicht in Frage kommt.

In Ungarn gelang der große Wurf der Reform der Beziehungen zwischen Zentralstaat, Komitaten und Kommunen in den ersten Jahrzehnten nach der Demokratisierung trotz vielfacher Anläufe nie. Die Kommunen hatten zu viele Aufgaben und zu wenig finanzielle Mittel, die Komitate waren zu klein und hatten nur wenige Kompetenzen. Als die FIDESZ im Frühjahr 2010 bei den Wahlen eine Zweidrittelmehrheit erreichte, begann sie das politische System grundlegend umzubauen. Am Ende dieses Prozesses war Ungarn weit zentralistischer als in den zwei Jahrzehnten davor. Das neue Selbstverwaltungsgesetz wurde 2011 beschlossen, starke Regionen hatten in diesem Konzept keinen Platz, ihre Kompetenzen wurden signifikant reduziert. Die Komitate mussten ihre Zuständigkeiten im Bildungs- und Gesundheitswesen komplett an die neuen Regierungsämter abgeben und waren damit die großen Verlierer der Verwaltungsreform. Auch viele Zuständigkeiten der Gemeinden fielen nun an die Zentralverwaltung, sprich an die Regierungsämter unter der Leitung von Regierungskommissaren, die vom Ministerpräsidenten eingesetzt werden. Die Zahl der Gemeinderats- und Komitatsmandate wurde radikal verringert. Damit wurde Ungarn insgesamt wieder ein zentralisierter und unitarischer Staat, womit ein klarer Verlust an Demokratie verbunden war.

Ähnlich in Polen, das trotz der Dezentralisierungen nach dem Zusammenbruch des kommunistischen Systems ein zentralistisch organisierter Staat geblieben war. Die inzwischen abgewählte PiS-Regierung hatte Polen nicht nur in eine Krise der Rechtsstaatlichkeit gestürzt, sondern durch die zentralistische Umgestaltung des Staates die Kommunen und Regionen (Woiwodschaften) immer stärker in ihrer Autonomie beschnitten. Durch die Kürzung ihrer finanziellen Ressourcen und durch zunehmende Aufsichtsentscheidungen und Übergangsverfügungen der von der Regierung eingesetzten Woiwoden machte man Kreise, Städte und Gemeinden immer mehr von der Zentralregierung abhängig und politisch gefügig und schränkte ihren

Handlungsbereich ein. Außerdem versuchte die PiS-Regierung durch Umstrukturierungen von Regionen nach politischen Kriterien Mehrheiten der Oppositionsregierungen bei den Regionalwahlen zu verhindern.

Die Autonomie der Woiwodschaften ist ohnehin beschränkt, sie haben nur sehr begrenzte Gesetzgebungskompetenzen und einen von der Zentralregierung bestellten Woiwoden als Aufpasser an der Seite.

PiS-Führer Jarosław Kaczyńskis Absicht war es, als einen ersten Schritt die von den Oppositionsparteien dominierte Woiwodschaft Masowien in die Region Warschau (Warschauer Metropolregion) und die Region Mazovia (ländliche Zone) aufzuteilen und damit andere politische Mehrheiten zu erreichen. Der Druck auf die politisch unliebsamen Woiwodschaften war durch eine gravierende Verminderung der Finanzmittel seitens der Zentralregierung seit langem verstärkt worden. Die geplante Teilung der Woiwodschaft Masowien konnte erfreulicherweise auf Grund des Regierungswechsels nicht verwirklicht werden. Wäre dies gelungen, hätte dies wohl den Beginn von weiteren Trennungen und Zusammenlegungen von historischen polnischen Regionen aus rein parteipolitischen und wahltaktischen Gründen bedeutet.

In der Slowakei ist es vor allem das Wahlsystem mit nur einem Wahlkreis, das die Basis für den Zentralismus legt. Denn dadurch wird die ohnehin kaum vorhandene Verankerung der Parteien in den acht Regionen mit geringer Autonomie geschwächt, regionale Probleme und Unterschiede, die es auch in der Slowakei gibt, spielen in dem landesweiten Einheitswahlkreis kaum eine Rolle. Politik, so empfinden es viele Slowaken, werde von »denen da oben« im entfernten Bratislava gemacht, was die politische Unzufriedenheit, Polarisierung und Radikalisierung fördert.

Wie die linkspopulistische, radikalisierte und autokratische SMER des Robert Fico in der Slowakei mit diesem Thema umgeht, wird sich zeigen. Dezentralisierung und Stärkung der Regionen sind jedenfalls nicht zu erwarten.

4. Die lahmen Regionen

Während – wie erwähnt – rund um das Inkrafttreten des Lissabon-Vertrags Europa von einer Aufbruchsstimmung Richtung Dezentralisierung erfasst wurde und sowohl theoretische als auch politisch-konkrete Reformideen gewälzt wurden, sind solche mit der Finanz- und Wirtschaftskrise völlig erlahmt und auch nicht mehr zum Leben erweckt worden. Weder auf europäischer, noch auf nationaler und – was besonders bedauerlich ist – auch nicht auf regionaler Ebene. Früher waren die Regionen mit gesetzgebender Kompetenz (vor allem die Bundesländer Deutschlands und Österreichs) die Motoren für Reformvorschläge. Von ihnen ist seit langem nichts mehr zu hören. Regionale politische Vertreter zeichnen sich insgesamt durch einen erbärmlichen Argumentationsnotstand aus. Und wo sind die Philosophen, Politikwissenschafter, Verfassungsrechtler, Publizisten, die offensiv für den Föderalismus, die Regionalisierung und Dezentralisierung auftreten? Die Reduktion der Diskussion über die Regionalisierung Europas auf die Verteilung von Finanzmittel ist einfallslos und stärkt letztlich den bürokratischen Zentralismus in der EU und auf nationalstaatlicher Ebene. Dies wiederum steigert die Unzufriedenheit der Menschen und treibt sie in die Arme EU-feindlicher, extremer rechts- und linksnationalistischer Parteiengruppierungen, die eine politische Union abschaffen und bestenfalls eine europäische Wirtschaftsgemeinschaft gelten lassen wollen. Daher: Ein starkes Europa braucht starke Regionen.

Cornelia Schuster
Makroregionale Strategien in Europa neu denken

Wir schreiben das Jahr 2024, der Pfingstdialog beschäftigt sich mit Europas Regionen, Österreich präsidiert die Donauraum-Strategie, der Ausschuss der Regionen feiert sein 30-jähriges Bestehen und die Wahl zum EU-Parlament steht vor der Tür. Ein guter Zeitpunkt also, das Konzept makroregionaler Strategien anzusehen, die letzten 15 Jahre zu analysieren und es hinterfragend neu zu denken.

Eine makroregionale Strategie der EU bzw. eine »EU-Makroregion« ist ein politischer Rahmen, der von EU- und Nicht-EU-Ländern in genau abgegrenzten geografischen Gebieten initiiert wird, um gemeinsame Herausforderungen und Chancen durch das Festlegen kollektiver langfristiger Ziele zu adressieren. In den derzeit existierenden vier makroregionalen Strategien sind 19 EU- und neun Drittstaaten involviert:
- Ostseeraum (EUSBSR) 2009
- Donauraum (EUSDR) 2011
- Region Adria-Ionisches Meer (EUSAIR) 2014
- Alpenraum (EUSALP) 2015.

Um eine neue Makroregion zu initiieren, beauftragt der Europäische Rat nach gemeinsamen Anträgen der jeweiligen Regierungen der betroffenen Mitgliedstaaten die Europäische Kommission mit der Ausarbeitung einer solchen Strategie. Die Generaldirektion Regionalpolitik und Stadtentwicklung (GD Regio) erarbeitet Aktionspläne, unterstützt die Umsetzung und Weiterentwicklung und ist für die Beobachtung und Berichterstattung von Ergebnissen an den Rat zuständig. Die politischen Entwicklungen auf europäischer Ebene haben in den frühen 2010er-Jahren gleichsam den Trend ausgelöst, die zum Teil jahrzehntelang und über den »Eisernen Vorhang« hinweg bestehenden regionalen Kooperationen sozusagen »amtlich« zu machen und mit der Implementierung von Makroregionen eine neue Governance-Ebene zu etablieren.

Gründe dafür waren einerseits die beiden umfangreichen EU-Erweiterungsrunden 2004 und 2007, mit der sich die Zahl der Mitgliedstaaten von 15 auf 27 fast verdoppelte und sich dadurch die Heterogenität innerhalb der EU vergrößerte. Die Diskrepanzen hinsichtlich des ökonomischen Entwicklungsniveaus, Produktivität, Infrastruktur, Bildungssysteme, Umweltstandards, demokratische Verfasstheit und Zivilgesellschaft wurden sichtbarer und damit wurde der regulatorische »One-size-fits-all«-Ansatz dieser Situation nicht mehr gerecht. Ein weiterer ausschlagkräftiger Grund war, dass nach dem Scheitern des »Vertrags über eine Verfassung für Europa« 2005 mit dem Vertrag von Lissabon (in Kraft im Dezember 2009) die »territoriale Kohäsion« zusätzlich zur sozialen und ökonomischen Kohäsion besonders an Gewicht gewonnen hat. Auch wurde das legislative Instrument der makroregionalen Strategien nie mit eigenen Budgets ausgestattet, denn für diese gelten im Vergleich zu anderen regionalen Förderprogrammen drei Grundregeln, die auch als »die drei Neins« bezeichnet werden: keine neuen EU-Fonds, keine zusätzlichen EU-Strukturen, keine neuen EU-Rechtsvorschriften. Makroregionale Strategien sollten stattdessen alle bestehenden Programme, Fonds und Finanzierungsinstrumente sowohl auf EU- als auch auf nationaler Ebene nutzen und sich bei der Umsetzung auf die bereits bestehenden Einrichtungen stützen – eine nachvollziehbare Entscheidung im Nachgang zur Euro-Krise 2009–2013, um mehr Wert auf Effizienz bei der Mittelverwendung zu legen.

Nach der Einführung der Alpen-Strategie herrscht allerdings Stille bei den makroregionalen Strategien. Was könnten die Gründe dafür sein? Sind die initial definierten »gemeinsamen Herausforderungen und Bedürfnisse« eines »geografischen Gebiets« überhaupt verbindend genug? Oder liegt in der schieren Größe und Diversität der bestehenden Makroregionen und der darin zusammengeführten Nationalstaaten die eigentliche Herausforderung?

Nimmt man den Ostseeraum aus, eine Makroregion, die ihren Vorläufer im 1992 gegründeten Ostseerat hat, zeigt ein Blick auf die Karte deutlich, dass sich das Konzept der drei übrigen makroregionalen Strategien in gewisser Weise auf den zentral- bzw. südosteuropäischen Raum konzentriert, und sich diese Strategien in Großräumen in weiten Teilen überlappen, wobei Deutschland und Slowenien sogar Teil von drei Makroregionen sind.

Historisch betrachtet haben sich in Europa bis ins 20. Jahrhundert in unzähligen Kriegen und den damit verbundenen aufsteigenden und fallenden Reichen jeweilige Grenzen immer wieder verschoben, doch ein gewisser, geografisch in etwa deckungsgleicher (Kultur-?)Raum lässt sich bis heute nachweisen, etwa anhand der Außengrenzen des Römischen Reichs, nach der Reichsteilung 395 n. Chr., der Habsburger-Monarchie oder dem osmanischen Reich bis ins 20. Jahrhundert. Die Neuordnung Europas nach dem Zerfall der Sowjetunion und die vertiefte Integration Europas innerhalb der EU führten gleichermaßen zu einem Erstarken nationaler Identitäten bei gleichzeitig immer weitreichenderer regulatorischer Angleichung durch die europäische Gesetzgebung.

Was beim regulativ vereinheitlichten Binnenmarkt Europa allerdings regelmäßig auf der Strecke blieb, war die europäische Subsidiarität, präziser: die regionale Identität, die Rücksichtnahme auf gewachsene Strukturen, wirtschaftliche, kulturelle, religiöse oder dynastische Verflechtungen; Sprachgrenzen sind bei regionaler Identität oft nur zweitrangig (Haslinger 2000), ebenso natürliche Staatsgrenzen (Schönwald, Spellerberg, Weber 2018). Zwar behielten die nationalen Regierungen im Rat ihr viel gefürchtetes Vetorecht, doch die bereits abgelehnte Verfassung für Europa 2005 hätte für sie ein Warnsignal sein können vor dem »makroregionalem Fieber« (Dühr 2011) – Menschen und Kultur entwickeln und wandeln sich wohl nur generationell und evolutionär, wenn sie nicht durch externe Faktoren wie Kriege dazu gezwungen werden. Zur Diskussion makroregionaler Strategien ist es relevant, das Konzept »Europa der Regionen« nicht als Gegenstück zum oft nationalistisch verstandenen »Europa der Vaterländer« euroskeptisch zu deuten, sondern auf die jeweiligen Stärken abzuheben, sprich sich gleichzeitig föderaler wie regionaler Strukturen und der dazugehörigen Governance zu bemächtigen, um Lösungen auf der Ebene der jeweiligen Probleme zu bewerkstelligen. Die bestehenden Makroregionen wirken angesichts der »drei Neins« wie der Versuch, die Grundidee doch irgendwie zu formalisieren bzw. zu legalisieren – und scheitert wohl genau daran, dass nationale und supranationale Entitäten nicht vorsätzlich ihre regulatorische Macht teilen und an untergeordnete Einheiten, die oft grenzüberschreitend sind, abgeben wollen.

Einer der Gründe, warum sich die bisher angenommenen Strategien alle auf große Naturraumsysteme wie Meeresbecken, Flüsse oder Gebirge beziehen, beruhen auf der Annahme, dass sowohl Länder als auch Regionen, weil sie zu diesen Naturräumen gehören, fast automatisch gemeinsame Bedürfnisse zu haben scheinen oder vor gemeinsamen Herausforderungen stehen. Doch sind etwa die 14 an der Donauraumstrategie teilnehmenden Staaten derart heterogen, teilen wenig verbindende Eigenschaften respektive spezifische Herausforderungen, dass sie demnach auch keine gemeinsame Identität besitzen (Bos 2012, 2017).

Grundsätzlich lässt sich wissenschaftlich allerdings durchaus nachweisen, dass auch bei nur wenigen Partnern, die demselben geografischen Gebiet angehören, gute Voraussetzungen für eine erfolgreiche Zusammenarbeit gegeben sind. Wesentlich dafür ist allerdings, dass dabei die Identifizierung gemeinsamer Interessen und daraus folgenden Programme und Maßnahmen sowie die Berücksichtigung der spezifischen Gegebenheiten der verschiedenen Mitgliedstaaten entscheidend und eine wichtige Voraussetzung für die Effizienz der regionalen Zusammenarbeit sind (Strážay 2010). Um es präziser zu formulieren: Das »Makro«-, griechisch μακρός makros = ›groß‹, ›weit‹, ›lang‹

bezieht sich nicht auf spatiale Ausdehnung einer Makroregion, sondern muss jeweils angepasst werden auf die jeweilige überregionale Wahrnehmung.

Wie ließe sich im Jahr 2024 das Konzept Europäischer Makroregionen weiterentwickeln, angesichts von globalen Polykrisen, europäischem und nationalem regulatorischem Wildwuchs über alle Governance-Ebenen und einer sich massiv verstärkenden gesellschaftlichen Polarisierung aufgrund von Identitätspolitik?

1. Eine Verschiebung der Zuständigkeit auf die nächst-niedrigere Governance-Ebene lokaler und/oder regionaler Selbstverwaltung bzw. eine Reduktion auf die tatsächlich teilnehmenden gouvernementalen Einheiten, etwa auf Bezirke, Landkreise, Provinzen, Okres, Gespanschaften etc. statt (Bundes-)Ländern und ganzer Staaten. Die zusätzliche Ausstattung dieser kleineren Einheiten mit den für Makroregionen notwendigen Rechten und Entscheidungsbefugnissen oblüge einem Vorschlag der EU-Kommission.

2. Bestehende Makroregionen verkleinern und zu »echten« Regionen bauen (»Donau« reduzieren auf die an die Donau angrenzenden Einheiten statt ganzer Länder – am Beispiel Kroatiens evident); weitere Makroregionen neu initiieren, z. B. »Alpe Adria« (mit etwa Steiermark, Kärnten, Slowenien, Friaul, Venetien, Istrien, adriatische Küstenregion).

3. Regionalförderprogramme an diese neuen Makroregionen koppeln, wo es erwiesenermaßen Aufholpotenzial

gibt, Strukturschwäche nachgewiesen ist oder Umwelteinflüsse auch aufgrund des Klimawandels bisherige Volkswirtschaften größeren Verwerfungen unterliegen.

Was wären die dafür notwendigen Handlungsschritte? Die Mitgliedstaaten müssten im Rat beschließen, die EU-Kommission zu beauftragen, ein aktualisiertes Konzept der Europäischen Makroregionen zu entwickeln. Worauf die Kommission ein Programm mit dem wesentlichen Unterschied der finanziellen Förderbarkeit erarbeiten müsste (präzise: Interreg müsste Makroregionen finanzieren können), etwa über den »Europäischen Fonds für regionale Entwicklung« (EFRE, ugs. EU-Regionalfonds). Ein kleiner Schritt in einem politischen Programm für das EU-Wahljahr 2024, ein großer für die vertiefte Idee eines Europas in Einheit und Vielfalt.

Literatur

EU-Kommission, EU regional and urban development, Regional Policy, Policy, Cooperation, Macro-regional strategies, https://ec.europa.eu/regional_policy/policy/cooperation/macro-regional-strategies_en.

Bos, E.: Die Strategie für den Donauraum als europäisches Mehrebenenprojekt, in: Masát, Bos, Eckardt, Kastner, Wenger (Hrsg.): Der Donauraum in Europa, Baden-Baden 2012, 25–42.

Bos, E.: Potenziale makroregionaler Strategien für die Europäische Integration, in: Bos, Griessler, Walsch (Hrsg.): Die EU-Strategie für den Donauraum auf dem Prüfstand: Erfahrungen und Perspektiven, Baden-Baden 2017, 19–42.

Dühr, S.: Baltic Sea, Danube and Macro-Regional Strategies: A Model for Transnational Cooperation in The EU? Paris 2011.

Haslinger, P. (Hrsg.): Regionale und nationale Identitäten: Wechselwirkungen und Spannungsfelder im Zeitalter moderner Staatlichkeit (Identitäten und Alteritäten: (SFB 541)), Würzburg 2000.

Schönwald, A., Spellerberg, A., & Weber, F.: Grenzen – Identitäten – Heimat: Theoriegeleitete Annäherungen an Konstrukte und Konzepte im »grenzüberschreitenden« Kontext, in: Pallagst, Hartz, Caesar (Hrsg.): Border Futures – Zukunft Grenze – Avenir Frontière: Zukunftsfähigkeit grenzüberschreitender Zusammenarbeit, Hannover 2018, 130–142.

Strážay, T.: The complementarity of the Danube Strategy with other Regional Initiatives in Central Europe – a view from Slowakia, in: Àgh, Kaiser, Koller (Hrsg.): Europeanization of the Danube Region: The Blue Ribbon Project, Budapest 2010, 134–144.

Motor für eine europäische Industriepolitik

Ein starkes Europa braucht eine starke Industrie in einer freien, ökologisch-sozialen Marktwirtschaft. Das europäische Lebensmodell basiert auf freiem Handel auf internationalen Märkten. Unser Wohlstand hat seine Grundlage in der von der Industrie getragenen Wertschöpfung als Quelle für Wachstum und soziale Sicherheit. Umso mehr sollte uns der bereits erkennbare Verlust an Wettbewerbsfähigkeit (und damit verbunden an Bedeutung) des Standortes Europa beunruhigen. Vor einem Jahrzehnt war die EU noch der größte Wirtschaftsraum der Welt. Heute fällt sie gegenüber den USA und China immer weiter zurück. Der Anteil Europas an der weltweiten Bruttowertschöpfung der Industrie ist von fast 25 Prozent im Jahr 2000 auf 16,3 Prozent im Jahr 2020 zurückgegangen. Wenn Europas wirtschaftlicher Erfolg zunehmend ausbleibt, kann eine wertegeleitete Außenpolitik ebenso wenig global durchgesetzt werden, wie europäische Vorstellungen im Bereich der Klimapolitik. Nur ein starker Wirtschaftsraum kann Zugpferd und Vorbild für andere Regionen dieser Welt sein. Europa bewegt sich derzeit zu oft auf einer ideologisch geprägten, statt auf einer sach- und zielorientierten Handlungsebene. Wir agieren wenig lösungsorientiert und keineswegs technologieoffen. Wir verharren in der Pose, im Alleingang die Welt retten zu wollen und übersehen dabei: Wer Dinge im Alleingang versucht, bleibt dabei allein. Europa muss erkennen, dass es dabei ist, seine wirtschaftlichen Lebensadern zu kappen. Und die wichtigste Lebensader Europas ist die Industrie. Österreich als Industrieland sollte sich daher als politischer Motor für eine europäische Industriepolitik verstehen.

Stefan Stolitzka

Christian Lagger

Starkes Europa: Demokratie, Resilienz und Führungsverantwortung

Die Stärke Europas ist mehr denn je gefordert. Die vergangene Corona-Pandemie, der Ukraine-Krieg und jetzt auch der Konflikt in Israel sowie die prekäre Situation in Nahost überhaupt zeigen die Notwendigkeit der Handlungsstärke und Wirkmacht von Europa. Im Folgenden seien drei Aspekte eines starken Europas kurz benannt und teilperspektivisch erläutert: Demokratie, Resilienz und Führungsverantwortung.

Demokratie

Heute wird vielfach mit Sorge über die Zukunft der Demokratie gesprochen. Im europäischen Kontext sei das Erstarken neuer autoritärer Strukturen wahrnehmbar. Dies sei so in Russland, Ungarn und neuerdings auch in Israel. Mit Sorgenfalten auf der Stirn problematisieren wir das bei einer Tasse Kaffee oder Tee mit Freunden, bei der Arbeit oder im familiären Kreisen, meist auf einem hohen Niveau eigener Abgesicherheit.

Was mich beschäftigt, ist weniger die Sorge um die Demokratie, als die Sorge, wie wir damit umgehen. Jeder möge sich prüfen: Wie spreche ich über Politikerinnen und Politiker? Was bin ich bereit an Zeit, Gedanken, Herz- und Tatkraft für das Gelingen von Demokratie dort, wo ich lebe, einzusetzen? Demokratie im westlichen Sinne existiert als Parteiendemokratie. Es gibt keinen Himmel auf Erden. Menschen müssen sich bei Wahlen für eine Partei entscheiden, die ihren Haltungen am besten entspricht. Damit Parteien demokratisch vital bleiben, braucht es Menschen, die bereit sind, sich in Parteien zu engagieren. Jeder oder jede sollte einmal ernsthaft darüber nachdenken, sich in einer Partei zu engagieren und/oder einer Partei beizutreten, um damit zur Stärkung der Demokratie beizutragen.

Möglicherweise werden manche durch diese Überlegungen irritiert sein. Auch deshalb, weil wir in Österreich und nicht nur in Österreich eine zu lange Tradition einer unglücklichen Funktionalisierung von Parteizugehörigkeit hatten. In gewissen Bereichen konnte jemand nur dann einen Job oder eine Aufgabe bekommen, wenn ein Parteibuch vorgewiesen werden konnte. Das war dann besonders verwerflich, wenn Menschen für gewisse Aufgaben nicht qualifiziert waren und dennoch diesen oder jenen Job bekommen haben. Ein Parteimitglied zu sein, darf andererseits aber bei geeigneten Persönlichkeiten kein Grund sein, eine Aufgabe oder einen guten Job nicht zu bekommen. Starke Parteien sind nicht die einzige, aber eine nicht unwichtige Indikation lebendiger Demokratie. Wir brauchen gute und qualifizierte Menschen in den Gemeinden, den Landtagen und den Parlamenten hier und auch in den europäischen Gremien. In meinen Kontexten spreche ich deshalb junge Leute immer wieder darauf an und frage sie: Was tut ihr für die Demokratie? Habt ihr schon einmal nachgedacht, euch in einer Partei zu engagieren? Denkt darüber nach, in welcher Partei ihr euch zu Hause fühlt und entscheidet euch. Uneigennützig – für die Zukunft von starken Demokratien inmitten von Europa.

Resilienz

Am 24. Februar 2022 begann die militärische Invasion russischer Truppen in die Ukraine und am 7. Oktober 2023 der furchtbare Angriff der Hamas auf Israel. Beides mit immer noch unabsehbaren Folgen für Europa und die Welt. In alledem geht es um die Resilienz als Zeichen eines starken Europas. Die Überlegungen zur Resilienz sind bestimmt von den Erfahrungen eines Kriegs mit fürchterlichen Folgen für die in der Ukraine lebende und aus der Ukraine flüchtende Bevölkerung – und auch vom Konflikt im Nahost.

Es geht um Resilienz – um die Resilienz Europas. Es geht um das Verbundensein mit Menschen in Leid und Not, die von heute auf morgen zu Opfern eines Krieges geworden sind, den keiner wollen kann und der scheinbar sinnentleert und willkürlich vom Zaun gebrochen wurde. Die Folgen sind nicht erfassbar. Es geht aber auch um das Verbundensein mit Menschen, die um die Bewahrung der Eigenständigkeit ihres Landes und für die Erhaltung ihrer Demokratie in Freiheit und Würde kämpfen. In diesem Fall zeigt sich die Resilienz eines starken Europas in der Solidarität unter anderem mit den Menschen in der Ukraine und in der Hilfe zur Linderung und Verhinderung von Leid auf allen Ebenen: In der Aufnahme von Flüchtenden, in Hilfslieferungen von Medizin, Nahrung und Kleidung für die im Land Verbliebenen. Resilienz zeigt sich aber auch im Mut, »Nein« zu sagen, wenn freie demokratische Staaten, Menschenrechte, Demokratien und deren rechtsstaatliche Ordnungen bedroht werden und sind. Nein sagen und mit innerer Stärke zusammenzustehen, um alle diplomatischen und wirtschaftlichen Möglichkeiten in einer gemeinsamen gesamteuropäischen fokussierten Vorgangsweise zu ergreifen. Es gilt konsequente Überzeugungsarbeit zu leisten, dass keine Aggression und kein Krieg, die nach dem Zweiten Weltkrieg in Europa auf Basis der Menschenrechte geschaffenen Prinzipien der Rechtsstaatlichkeit, Demokratie und Freiheit beugen kann. Diese Prinzipien in allen Bildungsvorgängen in ihrer Lebendigkeit zu fördern und zu vertiefen, bleibt gesamteuropäischer Dauerauftrag. Europa, quo vadis? Mit Blick auf die Ukraine und den Konflikt in Nahost lässt sich eine seriöse Antwort derzeit nicht geben. Der Weg möge aber zu einem humanen, solidarischen, friedlichen und lebendig geeinten Europa führen.

Führungsverantwortung

Führen heißt etwas verantworten. Für Menschen, Teams und Organisationen Verantwortung zu übernehmen. Auch für Vorgänge, Prozesse und für individuelle und kollektive Handlungen. Auch für Erfolg und Misserfolg. Wenn es darum geht, eine Chef- oder Führungsrolle zu übernehmen, wird von den Betroffenen als Motivation, meist das Gestalten-Wollen, das Menschen-führen-Wollen, vielleicht auch die Gehaltsperspektive benannt. Selten bekommt man zu hören: Ich will Chef/Chefin werden, weil ich gerne bereit bin, Verantwortung mit den verbundenen weitreichenden Konsequenzen zu übernehmen. Gerade diese Bereitschaft, etwas zu verantworten, scheint mir heute besonders bedeutsam.
Die Corona-Pandemie hat in meiner Wahrnehmung zumindest in Österreich gesamtgesellschaftlich die Haltung verstärkt, Probleme und Herausforderungen zu delegie-

ren. An den Staat, an das Gesundheitssystem, an die Institutionen, an die Mitmenschen usw. Die enorme Geldmittelausschüttung des Staates, die in manchen Bereichen sicher strukturell zukunftssichernd notwendig war, hat gesellschaftlich die Stimmung eines Anspruchs auf umfassendes Versorgtwerden durchdringend wachsen lassen. Das Bewusstsein von Eigen- und Selbstverantwortung schwindet im Nebel der gewachsenen Anspruchshaltung. Subsidiarität besagt als Prinzip der katholischen Soziallehre die Stärkung der Eigen- und Selbstverantwortung. Jede und jeder ist grundsätzlich in den Bereichen, in denen er/sie lebt, befähigt für sich selbst Verantwortung zu übernehmen. Jemanden Selbstverantwortung und Verantwortung für seinen/ihren Bereich zu zutrauen, stärkt auch die Empfindung seiner/ihrer eigenen Würde. Verantwortungsübernahme sollte deshalb in Europa durch geeignete Initiativen gestärkt und ermöglicht werden: Egal wie klein der jeweilige – auch durch eine Notsituation verursachte – Wirkungsradius auch sein mag. Junge Menschen in Familien und Gemeinschaften zu ermutigen, Eigenverantwortung zu übernehmen, ist jedenfalls wesentlicher Beitrag für die Zukunft einer starken, lebensfähigen europäischen Gesellschaft. Mögen daraus viele Menschen hervorgehen, die als Politikerinnen und Politiker bereit sind Verantwortung mit allen Konsequenzen zu übernehmen. Denn ohne starke Politik mit der Bereitschaft, Verantwortung zu übernehmen, wird es ein starkes Europa vermutlich nicht geben können.

Die Zukunft Europas liegt in seinen Regionen. Vom hohen Norden bis ans Mittelmeer und vom Atlantik bis weit in den Osten unseres Kontinents leben und arbeiten Menschen, übernehmen Verantwortung für ihre Heimat und die Zukunft ihrer Familien. Der Grundsatz »Einheit in Vielfalt« ist nirgendwo so wirksam wie in unseren Regionen, die in Europa so vielgestaltig sind wie nirgendwo sonst. Die Europäische Union steht vor der Herausforderung, aus den sehr unterschiedlichen wirtschaftlichen und sozialen Gegebenheiten sowie kulturellen und historischen Entwicklungslinien ein gemeinsames großes Ganzes entstehen zu lassen. Bei vielen dieser Anstrengungen liegt noch ein Großteil des Weges vor uns. Als politische Verantwortungsträgerinnen und -träger ist es unsere Aufgabe, die Verbindung von europäischer Perspektive und regionaler Wirklichkeit zu stärken und den Menschen näherzubringen. Es gilt, gleichermaßen europäisch zu denken und steirisch zu handeln. Darin liegt unsere Aufgabe und unser Anspruch.

Simone Schmiedtbauer

II. Innovationstreiber: Wissenschaft und Wirtschaft

Martin Polaschek

Europas Regionen. Zukunft gestalten.

Einleitung

Unter dem Titel »Europas Regionen. Zukunft gestalten.« beschäftigen sich die Teilnehmerinnen und Teilnehmer des diesjährigen steirischen Pfingstdialogs mit den Chancen und Herausforderungen europäischer Regionen im aktuellen Weltgeschehen. Klar ist, dass die in Europa vorzufindende regionale Vielfalt nicht nur einzigartig, sondern vor allem innovationsgesteuert ist. Nur im Zusammenspiel von regionaler, überregionaler und europäischer Kooperation kann globalen Herausforderungen durch innovative Forschung wirksam begegnet und das Potenzial neuwertiger Technologien voll ausgeschöpft werden. Die Entwicklung durchgängiger Innovationsketten von Grundlagenforschung über die anwendungsorientierte Forschung bis hin zur Produktentwicklung ermöglicht die bestmögliche Umsetzung wissenschaftlichen Know-hows, insbesondere in der regionalen Wertschöpfung der Steiermark. Die Abbildung der gesamten Innovationskette ist daher eine wesentliche Stärke der Steiermark in der kooperativen Zusammenarbeit.

Regionale Innovation und Transformation

Den aktuellen gesellschaftlichen Herausforderungen wie Klimawandel, Biodiversitätsverlust oder demografische

Entwicklungen, muss mit neuen, innovationspolitischen Ansätzen begegnet werden. Durch gezielte Innovationsmaßnahmen können wir neue Märkte erschließen und Wachstum sicherstellen sowie gleichzeitig zur Lösung globaler Herausforderungen beitragen. Die Europäische Union greift mit ihrem neuen Ansatz der »Partnerships for Regional Innovation (PRI)« genau diese Entwicklungen auf und versteht die Initiative als Ausbau des »Smart Specialisation«-Ansatzes. Diese Innovationsagenda wird als transformativer Ansatz zur EU-Kohäsionspolitik und zum »Green Deal« beitragen.

Um Transformation nachhaltig zu gestalten braucht es die Kooperationsbereitschaft vieler Akteurinnen und Akteure. Dabei sind einzelne Personen ebenso wichtig wie Wissenschaftseinrichtungen, soziale Communities, Politik, Unternehmen oder Medien. Die notwendigen Strukturen zu schaffen, um die Potenziale voll auszuschöpfen, ist eine Grundvoraussetzung für die Bewältigung der damit verbundenen Herausforderungen. Österreich ist dabei auf einem guten Weg, aber es braucht noch mehr Vernetzung und Kooperation und das Finden einer gemeinsamen Sprache, etwa zwischen Academia und »Citizen Scientists«. Erst durch die Zusammenarbeit – auf allen Ebenen und in allen Bereichen – können Innovationsprozesse ihr gesamtes Potenzial entfalten. Das Zusammenspiel verschiedener Akteurinnen und Akteure bietet zudem einen größeren Handlungsspielraum, da alle Beteiligten einen Beitrag zum Transformationsprozess leisten. Dafür braucht es ein gemeinsames Verständnis sowohl über die Ziele der Transformation als auch über den Weg dorthin. Staatliche Akteurinnen und Akteure sind gefordert, in diesem Prozess eine gestaltende Rolle einzunehmen und partnerschaftlich sowie koordinierend zu agieren.

Als Bundesminister für Bildung, Wissenschaft und Forschung ist es mir daher ein besonderes Anliegen den Wissenschafts- und Forschungsstandort Österreich weiter zu stärken, exzellente Forschung zu fördern und internationalen, europäischen und nationalen Forschenden in der österreichischen regionalen Vielfalt optimale Forschungsbedingungen zu bieten. Die Steiermark ist dafür ein Paradebeispiel. Der folgende Beitrag soll daher einige regionale Forschungsaktivitäten in der Steiermark beleuchten und aufzeigen, wie stark die Region Steiermark im österreichischen und europäischen Forschungsstandort vertreten ist.

CORI

Immer mehr Menschen sind von Stoffwechselstörungen betroffen. Stoffwechselprozesse spielen aber nicht nur bei der Entstehung der klassischen Stoffwechselstörungen wie Diabetes eine zentrale Rolle, sondern sind auch ursächlich an der Entstehung anderer, weit verbreiteter »Volkskrankheiten« (einschließlich Infektionskrankheiten, Krebs, Herz-Kreislauf-Erkrankungen oder Erkrankungen des Immunsystems) beteiligt. Die Erforschung dieser metabolischen Prozesse ist daher ein drängendes gesundheitspolitisches Anliegen. Mit dem CORI-Institut der Österreichischen Akademie der Wissenschaften (»Cori Institute of Molecular and Computational Metabolism«) wird die bereits bestehende Metabolismusforschung in Graz wesentlich ausgebaut. Da unzählige Krankheitsverläufe auf Stoffwechselerkrankungen zurückzuführen sind, handelt es sich hierbei um ein wichtiges Forschungsfeld mit enormer gesellschaftspolitischer Relevanz. Durch die Zusammenarbeit der drei Grazer Universitäten und der Österreichischen Akademie der Wissenschaften wird die Basis für exzellente Forschung mit großer internationaler Reichweite geschaffen und gleichzeitig die Attraktivität sowie die Sichtbarkeit des Forschungsstandortes Graz erhöht.

Durch einen interdisziplinären Forschungsansatz sollen neue Wissensgebiete erschlossen und überraschende Erkenntnisse gewonnen werden. Zelluläre Stoffwechselprozesse werden systematisch experimentell und molekularbiologisch untersucht und mit mathematischen Methoden modelliert. In den Forschergruppen arbeiten Expertinnen und Experten aus verschiedenen Disziplinen wie Medizin, Mathematik, Informatik, Biologie, Chemie und Ingenieurwissenschaften eng zusammen. Diese neuen Ansätze wecken Hoffnungen für die Diagnose und Behandlung entsprechender Krankheiten. Die ersten Schritte sind mit der Gründung und dem Aufbau des CORI-Instituts jedenfalls getan.

BioTechMed-Graz

Eine weitere, besonders hervorzuhebende Initiative, die vor allem die gute Kooperation und Vernetzung zwischen den Universitäten zeigt, ist BioTechMed-Graz. Die Universität Graz, die Technische Universität Graz und die Medizinische Universität Graz forschen an der Schnittstelle zwischen biomedizinischen Grundlagen, technologischen Entwicklungen und medizinischer Anwendung. Die Universitäten bündeln dabei ihre interdisziplinären

Kompetenzen in den Bereichen Molekulare Biomedizin; Neurowissenschaften; Pharmazeutische und Medizinische Technologie; Biotechnologie sowie Quantitative Biomedizin und Modellierung. Diese Kooperation belegt die einzigartigen Stärken des Forschungsstandortes Graz und zeigt, wie gut eine Zusammenarbeit zwischen mehreren Universitäten funktionieren kann.

BBMRI

Eine wesentliche Grundlage für exzellente Forschung ist der Zugang zu modernen, hochtechnologischen und qualitativ hochwertigen Forschungsinfrastrukturen. Für die medizinische Forschung stellen unter anderem Sammlungen humaner biologischer Proben, die in sogenannten Biobanken systematisch archiviert werden, eine solche grundlegende Forschungsinfrastruktur dar. An der Medizinischen Universität Graz befindet sich eine der größten und renommiertesten klinischen Biobanken Europas, die Biobank Graz. Rund 20 Millionen Proben von Blut, Körperflüssigkeiten und menschlichem Gewebe werden hier gelagert und für die wissenschaftliche Forschung zugänglich gemacht, um neue Ansätze für die Diagnose und Behandlung von Krankheiten zu entwickeln.

Die Biobank Graz ist auch Teil der Europäischen Biobanken Forschungsinfrastruktur BBMRI-ERIC, die ein Netzwerk von über 400 Biobanken in 24 Ländern bildet und ihren Sitz ebenfalls in Graz, am Campus der Medizinischen Universität Graz, hat. BBMRI-ERIC dient dazu, den Zugang zu Proben und assoziierten Daten für Forschende und Unternehmen in ganz Europa zu erleichtern, das

Qualitätsmanagement in Europa zu harmonisieren und zu implementieren, die Technologieweiterentwicklung im Bereich Biobanken voranzutreiben und Beratungsleistungen zu ethischen und rechtlichen Angelegenheiten bereitzustellen. Die genannten Serviceleistungen für die Forschung, die von der Zentrale in Graz aus koordiniert werden, sind Ausdruck einer umfassenden Zusammenarbeit in Europa.

HYCENTA RESEARCH GMBH

In Anbetracht der aktuellen Herausforderungen des Klimawandels und der Energiewende sind die Forschung zu grünem Wasserstoff, der aus erneuerbaren Energiequellen hergestellt wird, und die Entwicklung neuer Technologien nicht nur für die Zukunft Österreichs, sondern vor allem auch für die Zukunft Europas essenziell. Grüner Wasserstoff bietet die Möglichkeit, erneuerbare Energie, die gerade nicht benötigt wird, zu speichern.

Österreichs erstes Wasserstoff-Forschungszentrum HyCentA (»Hydrogen Research Center Austria«) forscht als K1-Kompetenzzentrum am Campus der Technischen Universität Graz und betreibt dort eine der modernsten Wasserstoff-Forschungsinfrastrukturen in Europa. Erfreulicherweise konnte die HyCentA Research GmbH im Jahr 2023 im COMET-Förderprogramm der FFG vom COMET-Projekt zum COMET-Zentrum aufsteigen. Zur Erforschung nachhaltiger und grüner Wasserstofftechnologien führt die HyCentA Research GmbH gemeinsame Projekte mit Unternehmen und wissenschaftlichen Partnern zur Erzeugung, Anwendung und Speicherung von erneuerbarem Wasserstoff durch. Ziel ist es, den nachhaltigen Wasserstoff voranzubringen und den Wandel von fossiler Energie zu grünem Wasserstoff in allen Bereichen (Mobilität, Industrie, Haushalt etc.) zu erforschen und weiterzuentwickeln.

Conclusio

Als Bundesminister für Bildung, Wissenschaft und Forschung ist es mir außerdem ein besonderes Anliegen, die Wichtigkeit von Vertrauen in Wissenschaft und Demokratie hervorzuheben. Dieses Thema ist von enormer Bedeutung für uns als Gesellschaft und berührt das alltägliche Leben von jeder und jeden Einzelnen von uns. Unsere Kampagne DNAustria und die Initiative der Wissenschafts- und Demokratiebotschafterinnen und -botschafter tragen zum besseren Verständnis für Wissenschaft und Demokratie in unserer Gesellschaft sowie zur Vertrauensbildung bei. Wissenschaft und Demokratie sind keine Selbstverständlichkeit. Sowohl die Wissenschaft als auch die Demokratie müssen von uns als Gesellschaft gehegt und gepflegt werden, um zu verhindern, dass sie uns irgendwann abhandenkommen. Mit DNAustria haben wir uns zum Ziel gesetzt, das Vertrauen in Wissenschaft und Demokratie zu stärken. Wir wollen sichtbar machen, wo und wie Wissenschaft und Demokratie tagtäglich gelebt werden; woran gerade geforscht wird; wie Wissenschaft und Forschung funktionieren; wo es noch etwas zu tun gibt und wo jeder selbst aktiv werden kann.

Das Projekt der Wissenschafts- und Demokratiebotschafterinnen und –botschafter zielt darauf ab, dass diese ihr Fachwissen teilen, über ihre Forschung erzählen und damit auch Schülerinnen und Schüler für Wissenschaft begeistern. Erfreulicherweise waren und sind bereits zahlreiche Botschafterinnen und Botschafter aus der Steiermark im Einsatz. Ich sehe es als zentrale wissenschafts- und demokratiepolitische Aufgabe, das Vertrauen in Wissenschaft und Forschung sowie das Demokratiebewusstsein nachhaltig zu stärken. Hierfür braucht es auch einen gesellschaftlichen Grundkonsens sowie einen Schulterschluss über Parteigrenzen hinweg. Nicht zuletzt macht das Engagement der steirischen Forschenden diese Region zu einem exzellenten und innovativen Forschungsstandort. Daher ist die Steiermark auch eine der forschungsstärksten Regionen Europas und ein herausragendes Vorbild.

Die Technische Universität Graz ist eine international angesehene Forschungs- und Bildungseinrichtung, die mitten im Herzen Europas aktiv und vor allem kooperativ an der Gestaltung der Zukunft arbeitet. Mit unseren Aktivitäten in Forschung, Lehre und gesellschaftlichen Bereichen unterstützen wir wichtige Ziele auf europäischer und internationaler Ebene, etwa wenn es um den ökologischen Wandel oder die digitale Transformation geht. Mit über 100 laufenden EU-Projekten und neun Grants des European Research Council sind wir ein wichtiger Motor für Innovation und Fortschritt. In den Bereichen Wasserstoff- und Eisenbahnforschung sowie Cybersecurity zählen wir zu den exzellentesten Forschungsstätten Europas.

In der Lehre sind wir Teil des europäischen Universitätsnetzwerks »Unite! – University Network for Innovation, Technology and Engineering«, das einen neuen interuniversitären Campus aufbaut und kürzlich eine Bildungsoffensive für nachhaltige Mikrochips made in Europe gestartet hat. Darüber hinaus nutzen wir die Mobilitätsangebote der EU für einen intensiven akademischen Austausch. Im vereinten Europa können wir exzellente Forschungsinfrastrukturen grenzüberschreitend gemeinsam nutzen und betreiben, wie zum Beispiel eine Großanlage für Materialforschung in Triest. In pan-europäischen Forschungsnetzwerken arbeiten wir an großen Zukunftsthemen von nachhaltiger Energie bis hin zu Artificial Intelligence. Eingebettet in eine der innovativsten Regionen Europas können wir so gemeinsam die Zukunft aktiv und nachhaltig gestalten.

Horst Bischof

Das Motto des Pfingstdialogs 2024 »Europas Regionen, Zukunft gestalten« fügt sich nahtlos in das Selbstverständnis der Universität Graz. Mit dem Motto »We work for tomorrow« bekennen wir uns als führende Forschungseinrichtung in einer Region mit starker F&E-Ausrichtung zum aktiven Gestalten unserer gemeinsamen Zukunft. Als offene Universität, die sich dem Überwinden von Grenzen verschrieben hat, stehen wir nicht nur geografisch im Herzen Europas als Tor nach Südosteuropa, sondern auch ideell an der Schnittstelle zwischen Tradition und Innovation, zwischen lokalem Erbe und globalen Herausforderungen.

Als allgemeine Universität tragen wir eine besondere gesellschaftliche Verantwortung. Unsere Mission »We work for tomorrow« ist mehr als ein Slogan; es ist ein Versprechen, aktiv an der Gestaltung einer gerechteren, nachhaltigeren und inklusiveren Zukunft mitzuwirken. Durch unsere Forschung und Lehre sowie durch öffentliche Diskurse und Partnerschaften gestalten wir die Gesellschaft aktiv mit. Wir bieten einen Raum für kritische Auseinandersetzung, in dem evidenzbasiertes Wissen und historische Bezüge gleichermaßen Berücksichtigung finden. Hier trifft die leidenschaftliche Ungeduld unserer wissbegierigen Studierenden auf das tiefe wissenschaftliche Verständnis und die langjährige Erfahrung unserer Forscherinnen und Forscher Gemeinsam ist ihnen das Streben nach Fakten und Klarheit, gepaart mit einer tiefen Wertschätzung für unsere akademischen Traditionen. Das ist der Geist der Universität Graz, so schaffen wir bereits in der Gegenwart eine lebenswerte Zukunft.

Peter Riedler

Thomas Krautzer

Regionen Europas. Zukunft gestalten
Die Rolle der Regionen für den Wirtschaftsstandort Europa

In der ökonomischen Theorie spielten regionale Belange lange Zeit keine relevante Rolle für den Erklärungszusammenhang. Überlegungen zu Angebot, Nachfrage und Wachstum wurden im (ausgehungerten) Westeuropa der Nachkriegszeit bis in die 1980er-Jahre von zwei großen Denkschulen beherrscht: der Neoklassik einerseits, die Prosperität über die Wirkmechanismen von Marktkräften erklärte und dem dominierenden Keynesianismus, der dafür auch gezielte Interventionen des Staates für notwendig hielt (insbesondere auch durch die Schaffung öffentlicher Nachfrage in rezessiven Zeiten). Beide interessierten sich vorwiegend für den nationalen oder supranationalen Level.

Die internationale Stagflationskrise der 1970er- und 1980er-Jahre brachte diesbezüglich einen Wendepunkt. Insbesondere das keynesianische Modell konnte das Phänomen einer hohen Inflation bei gleichzeitiger Stagnation und Arbeitslosigkeit nicht ausreichend erklären. Analysen zeigten deutlich, dass die Frage eines geringen Wettbewerbs nach innen (hohe Staatseinflüsse und monopolistische Strukturen) und einer mangelnden Wettbewerbsfähigkeit nach außen (Herausforderung durch Japan und folgende asiatische »Tigerstaaten«) einen großen Anteil an der gesamteuropäischen Misere hatten. Auf der einen Seite führte dies zu ökonomischen Liberalisierungsbestrebungen (die heute gerne pauschal in einen ideologisierten »Neo-Liberalismus-Topf« geworfen werden) sowie 1986 zur Verabschiedung der »Einheitlichen Europäischen Akte«, der Geburtsstunde des heutigen EU-Binnenmarktes mit seinem Wettbewerbsrecht. Auf der anderen Seite spielte die Frage der Bedingungen für ökonomische Wettbewerbsfähigkeit eine neue Rolle. Die Zeiten der hohen Nachfrage nach dem Mangel der Kriegs- und Nachkriegszeit waren vorbei und es entbrannte ein Kampf um den Kunden. Um Wachstum und Beschäftigung in diesem Umfeld zu generieren, bildeten sich neue Paradigmen heraus: Innovationskraft, Entrepreneurship, Wissenstransfer, Forschung und Entwicklung, endogene Entwicklung, Kooperationsfähigkeit sowie aktive Standortpolitik. Die Strahlkraft von Keynes verblasste während die Innovationstheorie des Österreichers Schumpeter an Bedeutung gewann. Hand in Hand damit ging ein neues Verständnis für die besondere Rolle, die Regionen in diesem Zusammenhang spielen können oder eigentlich spielen müssen, weit über die klassische Rolle als Lieferant der Produktionsfaktoren Arbeit und Boden hinaus.

Bezeichnenderweise wurde in den 1980er-Jahren begonnen, die statistischen Grundlagen zu schaffen, um die Regionen Europas entsprechend abzubilden. Das Europäische Amt für Statistik in Luxemburg entwickelte die sogenannten (zunächst fünf, heute drei) NUTS-Einheiten (Nomenclature des Unités Territoriales Statistique), die versuchen, die außerordentliche Vielfalt unterschiedlicher regionaler Verwaltungseinheiten europäischer Staaten unter ein möglichst gut vergleichbares statistisches Dach zu bringen. Politisch zog man erst 1994 mit der Gründung des Ausschusses der Regionen (AdR) nach, ein Ergebnis des Vertrags von Maastricht (derzeit 329 Mitglieder aus 300

Regionen). Die stiefmütterliche Behandlung der Regionen änderte sich nun. Gründe waren einerseits die Erkenntnis, dass sich die Produktion von zu teuren, nicht wettbewerbsfähigen Gütern auf Dauer nicht alimentieren lässt. Davon zeugten in ganz Europa die schweren Krisen in den sogenannten »Old Industrial Areas« – von Großbritannien über Frankreich und Belgien bis nach Österreich (wo sich die »Krisenregion-Steiermark« unrühmlich hervortat). In den USA sah man ein ähnliches Phänomen unter dem Begriff »Rust-Belt«. Andererseits spielte die rasch steigende Relevanz einer wissensbasierten Ökonomie oder »knowledge driven economy« spezifischen Regionen geradezu in die Hände.

Worin liegt der besondere Vorteil von Regionen in einer Wissensökonomie? Im Kern in der Wirkung von Nähe zwischen Menschen: räumliche Nähe, soziale Nähe, institutionelle, intellektuelle und kulturelle Nähe. Darauf fußt wiederum Vertrauen als das zentrale Bindemittel, sozusagen der Mörtel für den Aufbau kooperativer Strukturen. Vertrauen und Beziehungen sind ein Sozialkapital, das am Ende messbare Ergebnisse bringt.

Wir finden diese Wirkung unter anderem in drei wesentlichen Bereichen:
- … im Austausch ökonomischer, wissenschaftlicher und politischer Akteure zur Definition, Ausgestaltung und Finanzierung zentraler Faktoren des Standortes und damit einer kontinuierlichen Schärfung der Wettbewerbsfähigkeit. In einer gut ausgestalteten Region geschieht dies auf kurzem Wege, institutionalisiert, kooperativ, in Regelschleifen (Stichwort »Lernende Region«) und im gemeinsamen Durchsetzen von Interessen gegenüber Dritten (beispielsweise nationalen Akteuren). Im Ideal-

fall basieren die Bemühungen auf einer ausformulierten wirtschaftlichen Strategie, die regelmäßig an globale Einflüsse angepasst wird und die Differenzierung und Fokussierung berücksichtigt. Eine Region kann hier wesentlich schneller und geschärfter agieren als eine Nation.
- … in einem besonderen Geflecht wirtschaftlicher Stärkefelder, regionaler Zulieferketten und verwandter Unternehmensbereiche, die regional kooperieren aber dennoch in Rivalität agieren, ähnlich wie in einer sportlichen Trainingsgemeinschaft. Der Ökonom Michael Porter hat in den 1990er-Jahren dieses Phänomen als »industrielle Cluster« bezeichnet und auf deren positiven Einfluss auf Wettbewerbsfähigkeit aufmerksam gemacht: »*Paradoxically, the enduring competitive advantages in a global economy lie increasingly in local things, knowledge, relationships and motivation, that distant rivals cannot match.*«
- … im Wissenstransfer, der das wirkmächtigste und zugleich komplexeste Phänomen ist. Sein Gelingen wirkt auf die Qualität von Forschung, Entwicklung, Innovation, die Bildung von Spin-Offs und Start-Ups und letztlich auf alle zuvor erwähnten Entwicklungsprozesse.

Um dieses Phänomen des Wissenstransfers kurz verständlich zu machen, ist es notwendig, den bedeutenden Unterschied zwischen »Information« und »Wissen« darzustellen. Information ist alles, was sich kodifizieren, niederschreiben und in Formeln bringen lässt, also alles, was über Kommunikationsmittel (Bücher, Mails, Videos etc.) weitergegeben werden kann. Wissen hingegen enthält das implizite, intuitive, oft auch unausgesprochene Wissen

von Menschen (tacit knowledge). Es enthält Ideen, Visionen, Gefühle und Empfindungen, kreative Impulse, soziale Komponenten, die Kenntnis, wie Organisationen ticken oder das sogenannte Bauchgefühl, wenn Dinge nicht stimmen oder sich große Möglichkeiten ergeben. All das ist ein riesiger Schatz und letztendlich das zentrale Kapital im Leben eines Menschen (etwas, das von einer »Künstlichen Intelligenz« nicht erschlossen werden kann). Jemanden an diesem Wissen teilhaben zu lassen, ist weder einfach noch selbstverständlich. Wissenstransfer ist also ein sozialer Prozess, der Vertrauen und unterschiedliche Formen der Nähe (räumliche, soziale, intellektuelle, kulturelle) benötigt.
Dieser Aufbau gelingt in einem zusammenhängenden regionalen Umfeld (Nähe!) am besten. Wer also der Meinung ist, dass die möglichst präzise Adaption von Standortbedingungen, die Frage des Wirkens kooperativer Prozesse sowie das besonders gute Funktionieren von Wissenstransfer zwischen Bildung, Forschung und Wirtschaft eine Relevanz für die ökonomische Performance von Ländern hat, wird die Frage, ob den Regionen ein wesentlicher Platz in der Gestaltung der ökonomischen Zukunft Europas zufällt, wohl deutlich bejahen.

Allerdings bleibt eine wichtige Frage noch offen: Was heißt in diesem Kontext zusammenhängend? Es geht um die Summe von Menschen und deren potenzielle Kontaktmöglichkeiten innerhalb eines bestimmten Zeitraums. Forschungen zeigen, alles, was innerhalb von ca. 35 Minuten (eine Wegstrecke) um eine Ballung liegt, ist das innere Zentrum, alles, was innerhalb von ca. 50 Minuten liegt, wird als erweitertes Zentrum wahrgenommen. Alles, was darüber hinausgeht, schwächt die oben beschriebenen Phänomene bereits ab, wobei große, zentrale Orte eine höhere Gravitation haben, weil Menschen längere Fahrzeiten für das bessere Angebot in Kauf nehmen. Für die Peripherie ist es genau umgekehrt. Daraus ergibt sich, dass politische Definitionen von Regionen und ökonomische oftmals differieren. Die Logik politischer Grenzen ist eine historische und verwaltungstechnische. Die Logik ökonomischer Räume hingegen eine funktionale. Man kann das sehr schön am Beispiel des Großraums Graz erkennen. Graz als funktionaler ökonomischer Raum (»functional region«) ergibt sich wie oben beschrieben aus Transferzeiten. Zeichnet man also Linien mit 50 Minuten (erweiterter Zentralraum), überschreitet man nationale Grenzen (Marburger Raum) sowie Landesgrenzen (Kärnten, Niederösterreich, Burgenland) – in jedem Fall die Gemeindegrenze von Graz (wenn nicht gerade wieder einmal Stau herrscht). Allein die Tausenden Tagespendler, die vom Raum Marburg in den Großraum Graz strömen, würden hier im Sinne einer ökonomischen Region grenzüberschreitende Planungen erfordern. In der Realität scheitert man meist an der Frage von Zuständigkeiten und Verantwortlichkeiten. Das ließe sich jetzt auf Flächenmanagement, Bildung, Forschung, Förderungswesen u. v. m. ausdehnen. Dass 2025 mit der Eröffnung der Koralmbahn der Raum Klagenfurt (50 Minuten Fahrzeit!) diese ökonomische Region vergrößern wird, zeigt dringenden Handlungsbedarf auf.

Die Trias »Region – Nation – Union« muss in Europa trotz Binnenmarkt viel offener gedacht werden, musterhaft umgesetzt in der Öresund-Region. Hier haben Dänemark und Schweden, Kopenhagen und Malmö über die konsequente Nutzung der neuen Möglichkeiten durch die Öresund-Brücke ein Benchmark gesetzt. Die Hausaufgaben für die Zukunft liegen recht offen am Tisch: Das planvolle Zusammenwirken von ökonomischen Makro-Level (Union und Nationalstaaten), Meso-Level (Regionen und lokale Ballungen) und Mikro-Level (Unternehmen und Institutionen) ist ein Gebot der Stunde. Ein besonderer europäischer Fokus auf Regionen ist daher nicht das kleine Glück im Winkel im Angesicht einer schlimmen Welt, sondern eine Chance, sich aktiv für den Wettbewerb um einen Platz in dieser Welt zu rüsten. Für die Zukunft bedeutet das die Einsicht, dass Europa zwar nach wie vor eine starke Stellung hat, aber wie bei einem Radrennen ist die europäische Mannschaft als Ausreißer mittlerweile vom großen Peloton der anderen Erdteile eingeholt worden. Wenn wir jetzt nachlassen, verzagt oder selbstgefällig werden, droht uns, dass wir durch das ganze Feld durchgereicht werden. Europa muss sich enorm anstrengen und die Regionen müssen dabei nach vorne gehen.

Europas Regionen sind das Rückgrat der EU, sowohl in politischen, in sozialen als auch in ökonomischen Belangen. Sie bergen enorme Potenziale in sich, die es aktiv zu entwickeln und zu erschließen gilt. Für die Erschließung dieser Potenziale bedarf es vor allem des politischen Weitblicks über Legislaturperioden und Grenzen hinweg. Denn wo Grenzen überwunden werden und das Verbindende in den Vordergrund tritt, entsteht Neues. Im Falle Südösterreichs führt der politische Weitblick zu mehr als nur Neuem. Mit dem Bau der Koralmbahn eröffnet sich für Südösterreich die Jahrhundertchance einen neuen Wirtschaftsraum entstehen zu lassen – die AREA SUED.

Mit der AREA SUED entsteht die zweitgrößte Wirtschaftsregion Österreichs und ein neuer starker Ballungsraum in der Alpe-Adria-Region mit einem Strahlkraftpotenzial weit über die Grenzen unseres Landes hinaus. Durch ein bahnbrechendes Infrastrukturprojekt und die entsprechenden regional-politischen Begleitmaßnahmen wächst zusammen, was zusammengehört. Von Wien nach Graz oder Klagenfurt in einem Bruchteil der bisherigen Fahrzeit – das verbindet auf eine ganz neue Art und Weise. Städte, Wirtschaftszentren und Unternehmen rücken näher zusammen, Wege werden kürzer, praktischer und ökonomischer. Die neue Achse im Südosten Österreichs ermöglicht mehr Kontakte, mehr Austausch und mehr Geschäfte. Sie ist eine frische Lebensader, die die AREA SUED zu einer Super-Region im Herzen Europas macht. AREA SUED – das heißt kurzgefasst: Mehr Menschen. Mehr Märkte. Mehr Investitionen. Mehr Miteinander. Es liegt nun an uns, die riesigen Chancen, die uns nun mehr offenstehen, zu nutzen.

Josef Herk

Wir befinden uns in einer Zeit großer Herausforderungen. Neben anderen beschäftigt uns der Klimawandel und die damit verbundenen Veränderungen gesamtgesellschaftlich auf allen Ebenen.

Auch globale Aufgaben können nur gelöst werden, wenn im Sinne der Subsidiarität die regionale Ebene hierbei in einem ehrlichen Miteinander eingebunden wird. Gerade in einer Zeit, die von Umbrüchen geprägt ist, suchen die Menschen Stabilität in vertrauten Abläufen in einer gewohnten Umgebung. Bei aller Unterschiedlichkeit, die die Regionen Europas ausmachen, sind die Bedürfnisse nach sicheren Lebensverhältnissen, einem gewissen Wohlstand und einer sauberen Umwelt überall die gleichen. Die konkreten Möglichkeiten jedoch, diese Ziele zu erreichen, sind sicherlich im finnischen Lappland andere als in einem Gebiet des europäischen Zentralraums oder auf Sizilien. Es gilt daher, Lösungsansätze in einem gemeinsamen Miteinander unter sorgfältiger Austarierung der jeweiligen regionalen Interessenslagen zu finden.

Entscheidend ist, dass die Menschen hierbei in ihrer gewohnten Lebensumgebung – und dies ist vielfach die Region, in der man lebt – an diesem Prozess ernsthaft beteiligt werden. Entsprechende regionale Projekte genießen erfahrungsgemäß eine wesentlich größere Akzeptanz in der Bevölkerung. Es gilt »Best Practice«-Projekte aus einzelnen Regionen bekannt zu machen und nach Möglichkeit unter Beachtung regionaler Unterschiede auch auf andere Bereiche anzuwenden. In diesem Sinne sind die Regionen eine wesentliche Keimzelle der Gestaltung unserer gemeinsamen Zukunft!

Josef Pesserl

Karl Rose

Europas Regionen – Stärken stärken, um erfolgreich eine gemeinsame Zukunft zu gestalten

Europa ist ein Kontinent der Vielfalt, geprägt von einer Fülle unterschiedlicher Kulturen, Sprachen, Landschaften und Traditionen. Die Regionen Europas sind nicht nur Träger lokaler Identitäten, sondern auch eine Quelle von Innovation und Kreativität. Jede Region hat ihre eigenen Ressourcen, Stärken und Herausforderungen. Diese Vielfalt ist eine der größten Stärken Europas und spiegelt sich auch in seiner Geschichte wider. Seit jeher war Europa ein Schmelztiegel verschiedener Kulturen, Völker und Zivilisationen, die sich vermischten, konkurrierten und sich gegenseitig beeinflusst haben. Von den antiken Griechen und Römern bis zu unseren modernen Nationalstaaten – Europas Geschichte ist geprägt von Vielfalt, Konflikten und kulturellem Austausch. Diese Vielfalt kann sich sowohl als großer Vorteil, als auch als Nachteil für die weitere Entwicklung der Europäischen Union erweisen.

Mit der Einführung des Euro als gemeinsame Währung in der EU und der Schaffung gemeinsamer Institutionen, wie dem Europäischen Parlament und der Europäischen Zentralbank, wurden politische Integration und die gemeinsame europäische Identität gestärkt. Und dennoch identifizieren sich die meisten Europäer laut Studien zuerst über ihre Region, die mit einem Gefühl der geteilten Identität und Zugehörigkeit verbunden wird.

Dieser Widerspruch zwischen Zentralismus und regionaler Vielfalt kann zu Spannungen und Debatten über die Verteilung von Macht und Ressourcen sowohl innerhalb von Nationalstaaten als auch innerhalb der Union und ihrer Mitgliedstaaten führen. Die Herausforderung besteht darin, einen Ausgleich zu finden, der es der EU ermöglicht, effizient zu funktionieren und gemeinsame Ziele zu verfolgen, während gleichzeitig die Vielfalt und die Bedürfnisse der Nationalstaaten und Regionen respektiert und berücksichtigt werden. Im Angesicht globaler Krisen und angespannter Staatshaushalte keine leichte Aufgabe.

In meiner beruflichen Vergangenheit haben wir uns in einem Konzern mit Aktivitäten in über 130 Ländern lange und intensiv mit der Frage beschäftigt, wie man am besten mit regionaler Diversität und Vielfalt umgeht und unter welchen Umständen diese uns sogar zum Vorteil gereichen kann. Wir haben sowohl theoretisch als auch empirisch in Feldversuchen die Erkenntnis gewonnen, dass regionale Vielfalt zur Stärke wird, wenn sie als Quelle von Inspiration, Innovation und Kreativität genutzt wird, unterstützt durch eine Kultur der Zusammenarbeit, des Respekts und der Gleichberechtigung. Daraus ergeben sich für mich in Analogie mehrere Lehren für den Umgang mit regionaler Vielfalt in der EU.

Forschung, Entwicklung und Innovation sind in nächster Zukunft sicherlich entscheidend, um die Wettbewerbsfähigkeit der Europäischen Union als Ganzes zu stärken. Und es ist genau dieser Bereich, in dem Regionen mit ihrer Vielfalt einen ganz wesentlichen Beitrag leisten können. Die Förderung von Technologie- und Wissensaustausch sowie die Schaffung von Innovationszentren und Clustern können dazu beitragen, dass Regionen auf internationaler Ebene führend werden und auch bleiben. Insgesamt ermöglichen regionale Cluster Unternehmen, von den Vorteilen der lokalen Konzentration von Ressourcen, Fachwissen und Netzwerken zu profitieren – was ihre Wettbewerbsfähigkeit auf globalen Märkten stärken kann. Unsere gemeinsame Geschichte als Europäer hat uns gezeigt, dass dies ein Erfolgsmodell ist. Wir müssen uns unserer Stärken erinnern und gemeinsame Anstrengungen unternehmen, um in einer multipolaren Welt erfolgreich zu sein. Vielfalt wird zur Stärke, wenn sie konstruktiv genutzt und richtig verwaltet wird.

Mit Airbus gibt es in Europa ein gutes Beispiel, wie Erfolg aussehen kann. Airbus zeigt uns, dass Europa, basierend auf regionalen Stärken und Zusammenarbeit, Großes leisten kann. Auch über nationale Grenzen hinaus. Hier gab es eine klare Absicht und das Ziel eine eigene europäische Produktion aufzubauen. Eine solche strategische Absicht wäre in anderen Hochtechnologiebereichen für die EU wünschenswert. Die Verfügbarkeit hochqualifizierter Arbeitskräfte ist ebenso ein wesentlicher Erfolgsfaktor für die Wettbewerbsfähigkeit. Die Förderung von Bildung und lebenslangem Lernen sowie die Anpassung der Ausbildungsprogramme an die Anforderungen des regionalen Arbeitsmarktes sind wichtige Maßnahmen. Und wiederum haben wir in Europa die besten Ausgangsbedingungen, schaffen es aber nur begrenzt, diesen Vorteil in einen nachhaltigen Vorsprung zu verwandeln.

Studien zeigen, dass China und die USA in den meisten Hochtechnologiebereichen führend sind. Europäische Nationalstaaten rangieren nur auf den Plätzen. Dabei weisen dieselben Studien auch aus, dass eine beträchtliche Anzahl der chinesischen Wissenschaftler und Manager ihre Ausbildung in Europa genossen haben, bevor sie nach China zurückgekehrt sind. Was läuft hier falsch? Wieso sind wir in Europa nicht in der Lage, mit unserem Vorteil der tertiären Ausbildungen, den hervorragenden Facharbeitern, und einem Standortvorteil in der klassischen Automobilindustrie, in Fragen der Mobilität der Zukunft weiterhin globale Märkte zu dominieren? Nur vor wenigen Jahren haben wir in Europa die amerikanische und chinesische Automobilindustrie belächelt. Und heute haben wir Angst vor Tesla und BYD.

Die Antwort ist einfach: Sowohl politisch in der Rahmengesetzgebung als auch privatwirtschaftlich und unternehmerisch haben wir massiv versagt. Klimapolitik ohne ausreichende Standortpolitik, Vertrauensverluste und gegenseitige Schuldzuweisungen zwischen Politik und Industrieverbänden, keine Koordination der Investitions- und Steuerpolitik, nur Fragmentierung und Konkurrenz an Stelle von Kooperation und Innovation. Kurz gesagt, wir haben durch unser Verhalten unsere Schwächen und nicht unsere Stärken gestärkt und damit wertvolle Zeit und Boden verloren. Diese Erfahrung sollte uns eine Lehre sein und wir müssen alles daransetzen, dieses Muster nicht zu wiederholen. Eine Grundvoraussetzung für eine nachhaltige Weiterentwicklung ist auch ein günstiges Umfeld für Unternehmensgründungen, einschließlich Zugang zu Risikokapital, um die Entwicklung dynamischer Wirtschaftscluster und neuer Geschäftsmodelle zu fördern. Hier ist die EU bereits sehr bemüht und es gibt eine Vielzahl an

Programmen, die sich dieses Zieles annehmen, wobei eine konkrete strategische Ausrichtung, die sich an Stärken orientiert, wiederum fehlt. Als langjähriger Juror in verschiedenen Programmen weiß ich, dass EU-Förderprogramme nicht immer einer langfristig geplanten Industriepolitik folgen, sondern oft auch technologischen Hype-Zyklen und den Medien. Das muss sich unbedingt ändern, wollen wir als Europa auch in Zukunft noch eine gestaltende Rolle im globalen Kontext spielen und nicht nur ein großes Freilichtmuseum für Touristen und kulturell Interessierte sein.

Europas Regionen haben das Potenzial, eine Schlüsselrolle bei der Gestaltung dieser Zukunft zu spielen. Es liegt an Entscheidungsträgern, Bürgern und der Zivilgesellschaft, das vorhandene Potenzial von Regionen aktiv zu nutzen. Im Gegenzug garantieren Regionen meistens auch eine bessere Einbindung der Bürgerinnen und Bürgern in Entscheidungsprozesse und können dadurch einen wesentlichen Beitrag für eine nachhaltige Entwicklung der Demokratie leisten. Indem Entscheidungen auf regionaler Ebene getroffen werden, können sie besser auf die spezifischen Bedürfnisse und Gegebenheiten einer Region zugeschnitten werden. Dies kann zu effizienteren Lösungen und einer besseren Nutzung der Ressourcen führen.

Trotz ihrer Vielfalt und Stärke stehen Europas Regionen vor einer Reihe von neuen Herausforderungen. Eine ausgewogene Entwicklung aller Regionen ist entscheidend, um den sozialen und wirtschaftlichen Zusammenhalt zu gewährleisten. Aus diesem Grund hat die EU die sogenannte Kohäsionspolitik eingeführt, die darauf abzielt, die Unterschiede vor allem im Wohlstand zwischen den Regionen zu verringern und wirtschaftlichen Zusammenhalt zu fördern. Allerdings verändern der digitale und grüne Wandel Europas Volkswirtschaften gerade grundlegend. Während sich für manche Regionen neue Chancen eröffnen, sind andere mit enormen Herausforderungen konfrontiert, ihre Produktionsprozesse und Infrastrukturen an die neue digitale und grüne Zukunft anzupassen.

Regionen, die bereits heute über ein hohes Pro-Kopf-Einkommen und einen ausgeprägten Dienstleistungssektor, insbesondere im Bereich der Informations- und Kommunikationstechnologien verfügen, können sich am besten an die doppelte Transformation anpassen und verfügen dementsprechend über ein höheres Wachstumspotenzial. Vor allem ländliche Regionen laufen jedoch Gefahr, in ihrer wirtschaftlichen Entwicklung zu stagnieren. Wobei regionale Wohlstandsunterschiede und stark unterschiedliche Zukunftsaussichten schwerwiegende gesellschaftliche Folgen, wie zum Beispiel Abwanderungen oder politische Radikalisierung, nach sich ziehen können.

Es ist die Aufgabe der europäischen Politik, Rahmenbedingungen zu schaffen, die die Stärken der Regionen stärken, und ihre Schwächen schwächen. Ein sehr klassisches Prinzip der Wirtschaftswissenschaften. Der europäische »Superstaat« wird noch auf sich warten lassen und möglicherweise niemals Realität werden. In der Zwischenzeit müssen wir mit einem Europa der Regionen in den Wettbewerb ziehen. Zu den Nachteilen gehört sicher das Risiko der Fragmentierung und des Verlusts von Skaleneffekten sowie das Risiko von Überschneidungen und Ineffizienz.

Aber diese Nachteile kann man mit guter Planung und gemeinsamen Anstrengungen kompensieren und basierend auf unseren Stärken Neues und Einzigartiges schaffen. Darüber hinaus sind eine effektive Kooperation und Koordination zwischen den verschiedenen Regionen von entscheidender Bedeutung. Durch die Förderung von Partnerschaften und Netzwerken können Regionen voneinander lernen und gemeinsame Lösungen für gemeinsame Probleme entwickeln. Abschließend kann man sagen, dass die optimale Regionalisierung in Europa ein fortlaufender Prozess ist, der auf Dialog, Zusammenarbeit und gegenseitigem Respekt basiert. Indem man Vielfalt als Stärke und nicht als Problem sieht und die Potenziale der einzelnen Regionen gezielt entwickelt, kann eine nachhaltige Zukunft für ganz Europa gestaltet werden.

Covid-Pandemie, Energiekrise und vieles mehr: Europa sah sich in den letzten Jahren mit multiplen Krisen konfrontiert. Doch jene Krise mit den vermutlich weitest gehenden ist noch lange nicht ausgestanden – ganz im Gegenteil: Der Klimawandel verschärft sich immer weiter. Auch wenn unser Kontinent sehr vielfältig ist, so betreffen uns die Auswirkungen der Klimaveränderungen doch alle. Denn sie beeinflussen das gesellschaftliche Zusammenleben zunehmend. Damit rückt auch die Frage ins Zentrum, wie wir die vom Menschen verursachten klimatischen Veränderungen einbremsen können. Dabei ist die Vielfalt der europäischen Regionen unsere größte Stärke. Aus unterschiedlichen Perspektiven und Betroffenheiten können wir gemeinsam Lösungen entwickeln, zu denen jede Region ihren Beitrag leisten kann. Sei es durch Wind- und Sonnenkraft in der Frage der Energieversorgung oder auch durch die Bereitstellung von Know-how und Erfahrungen: Es wird immer deutlicher, dass kein Land für sich alleine die größte Krise unserer Zeit lösen können wird. Nur die Diversität in den Ansätzen und Strategien kann zu einer gesamteuropäischen, wirksamen Lösung führen und unsere Gesellschaft so in die notwendige Umsetzung bringen. Formate wie der Pfingstdialog bilden das Rückgrat dieser Lösungen.

Ich bedanke mich bei allen, die bereit sind, ihre Expertise und Kraft einzubringen, um auch unseren Kindern und Enkeln ein lebenswertes Europa – und damit auch eine lebenswerte Steiermark – in die Hand zu legen.

Ursula Lackner

Monika Köppl-Turyna

Höchste Zeit für eine fünfte europäische Grundfreiheit: Energie
Über die Vorteile einer europäischen Energiemarktintegration statt nationalem Protektionismus

Österreich und Europa befinden sich nach wie vor in einer Energiekrise. Denn wichtige globale Mitbewerber in Amerika und Asien beziehen – trotz aktuell fallender Preise – Gas und Strom signifikant günstiger als private Haushalte und Unternehmen in Europa. Das belastet die Wachstumsaussichten und Wettbewerbsfähigkeit Europas empfindlich. Die Konjunkturindikatoren, insbesondere für die Industrie, liegen weit unter dem langjährigen Durchschnitt, was sich in stagnierenden Investitionen und schwächelnden Exporten niederschlägt. Die Folge: Die österreichische und europäische Wirtschaft dürfte in den nächsten Jahren nur langsam wachsen. Die EU-Winterprognose sagt für Österreich ein Wachstum von nur 0,6 Prozent im Jahr 2024 voraus (nur in Deutschland sind die Aussichten schlechter), die Wirtschaft der Europäischen Union soll insgesamt um mickrige 0,9 Prozent wachsen.

Kurzfristig zielen die politischen Maßnahmen darauf ab, eine Gasmangellage zu vermeiden und die Verbraucher*innen (von Strom und Gas) zu entlasten. Jegliche Form der Preissubvention setzt aber nicht nur falsche Anreize und wirkt strukturkonservierend, sondern ist mit den knappen Haushaltsmitteln auch langfristig nicht finanzierbar. Darüber hinaus – und das haben wir insbesondere im Jahr 2022 gesehen – führen nationale Läufe zu einem schädlichen Subventionswettbewerb, der auf Dauer Steuergelder vernichtet, ohne die Wettbewerbsfähigkeit wesentlich positiv beeinflusst zu haben. Mittel- und langfristig sind daher andere Lösungen gefragt und es geht vor allem darum, ein nachhaltiges europäisches Energiesystem zu etablieren.

Wie können Versorgungssicherheit, Preisstabilität und Energiewende gewährleistet werden?

Die Europäische Union ist auf vier Grundfreiheiten aufgebaut: Freier Dienstleistungsverkehr, freier Kapitalverkehr, freier Personenverkehr und freier Warenverkehr. Der Transport von Energie würde formal in die vierte Kategorie fallen, aber die europäischen Energiemärkte sind noch nicht sehr gut integriert, so dass von »freiem Energieverkehr« die Rede sein kann. Wesentliche zwei Pfeiler, die notwendig sind: Eine tiefe Integration der Strommärkte sowie der Ausbau der Wasserstoffnetze, begleitet durch koordiniertes regulatorisches Vorgehen auf europäischer Ebene.

Der vielfältige Nutzen einer verstärkten Integration der EU-Strommärkte sollte hervorgehoben werden. Wirtschaftliche Vorteile können dadurch erzielt werden, dass die Gestaltung und der Betrieb mehrerer nationaler Elektrizitätssysteme gemeinsam und nicht einzeln optimiert werden. Diese Vorteile werden mit einem höheren Anteil erneuerbarer Energieträger massiv zunehmen und umfassen eine geringere Verbrennung fossiler Brennstoffe und weniger kurzfristige Preisschwankungen, Kosteneinsparungen durch die Nutzung regionaler Vorteile erneuerbarer Energieträger, einen geringeren Bedarf an teuren

Reservekapazitäten und Flexibilität sowie eine größere Widerstandsfähigkeit gegenüber Schocks. Diese Vorteile wurden in einigen wissenschaftlichen Analysen quantifiziert: Das Regulatory Assistance Project, eine Denkfabrik, schätzt etwa, dass der jährliche Nutzen einer vollständigen Integration der europäischen Strommärkte im Jahr 2030 insgesamt 43 Milliarden Euro erreichen könnte. Diese Vorteile ergeben sich nicht nur aus einer erhöhten »technischen« Resilienz des Systems. Sie ermöglichen einen wesentlich effizienteren Ausbau der erneuerbaren Energien. Mit der REPowerEU-Strategie plant die EU, den Anteil erneuerbarer Energien von 23 Prozent im Jahr 2022 auf 42,5 Prozent im Jahr 2030 zu erhöhen, mit dem Ziel, sogar 45 Prozent zu erreichen.

Ein Anteil von 42,5 Prozent erneuerbarer Energien am gesamten Energiesystem bedeutet, dass mehr als zwei Drittel des Stroms aus erneuerbaren Quellen erzeugt werden sollen. Eine tiefe Integration der Strommärkte bringt dabei enorme Vorteile. Wenn Gaskraftwerke in den Niederlanden abgeschaltet werden können, weil die reichlich vorhandene Windenergie in Polen ihre Produktion ersetzen kann, sinkt der Erdgasverbrauch und damit die Gas- und Strompreise in der EU. Der Hauptgrund für solche Synergien liegt darin, dass sich Wind-, Solar- und Wasserkraftwerke sowie die Stromnachfrage in Europa unterschiedlich entwickeln. Bei ausreichenden Verbindungskapazitäten können daher Stunden mit geringer Erzeugung aus erneuerbaren Energien und hoher Nachfrage an einem Ort durch den Import kostengünstiger erneuerbarer Energien aus Regionen mit anderen Nachfrage- und Angebotsmustern gedeckt werden. Zweitens kommt hier das bewährte

Prinzip der Arbeitsteilung zum Tragen. Ein Solarmodul in Spanien kann doppelt so viel Strom erzeugen, wie eines in Finnland, während eine Windturbine in Polen mehr als eineinhalb Mal so viel Strom erzeugt wie eine in Italien.

Darüber hinaus wird eine stärkere Integration der Energiemärkte auch Vorteile mit sich bringen, die eher mit der Verwaltung und dem Management zusammenhängen, die jedoch schwieriger zu quantifizieren sind. Dazu gehören Vorteile in Bezug auf Wettbewerb, Innovation und Glaubwürdigkeit, die besonders im Elektrizitätssektor von Nutzen sind, der typischerweise mit relativ langen Investitionszeiten und einem hohen Konzentrationsgrad auf rein nationalen Märkten konfrontiert ist.

Ein zweiter Punkt betrifft den Ausbau der Wasserstoffnetze. Wasserstoff und wasserstoffbasierte Energieträger werden dabei vorwiegend dort zum Einsatz kommen, wo eine direkte Elektrifizierung technisch nicht möglich oder wirtschaftlich nicht sinnvoll ist, z. B. in der Industrie, wo Wasserstoff sowohl energetisch als auch nichtenergetisch genutzt wird. In welchen Sektoren Wasserstoff in welchem Umfang eingesetzt wird, ist heute noch offen, klar ist aber, dass die benötigten Mengen immens steigen werden. Während im Jahr 2020 in Österreich etwa 4,7 TWh Wasserstoff in der Industrie eingesetzt werden, prognostiziert beispielsweise das BMK in seiner Wasserstoffstrategie, dass im Jahr 2040 zwischen 67 und 75 TWh benötigt werden. Dies übersteigt die derzeitigen Produktionskapazitäten bei weitem.

Der Import von Wasserstoff wird deswegen zukünftig eine Rolle spielen und prinzipiell über Pipelines oder auf dem Seeweg erfolgen. Gasförmiger Wasserstoff kann grundsätzlich kostengünstig über Pipelines transportiert werden. Dies ist insbesondere dann der Fall, wenn auf bestehende Infrastrukturen für den Gastransport zurückgegriffen werden kann. Auch in diesem Fall stellt ein koordiniertes europäisches Vorgehen sicher, dass alle Vorteile genutzt werden können.

Erstens ist die Entwicklung eines möglichst europaweiten Wasserstoff-Backbone-Netzes erforderlich. Die Kosten für die Bereitstellung von grünem Wasserstoff hängen stark von Skaleneffekten ab. Je mehr Erdgas durch grünen Wasserstoff ersetzt wird, desto stärker werden die Produktionskosten sinken.

Zweitens handelt es sich bei einem Wasserstoffnetz wahrscheinlich um ein natürliches Monopol, das staatlich reguliert werden sollte. Der Aufbau und Betrieb des Netzes könnten durch staatlich regulierte private Unternehmen oder ein Unternehmen mit öffentlicher Beteiligung erfolgen. Wichtig ist jedoch ein koordiniertes Vorgehen, um Skaleneffekte nutzen zu können. Die USA haben mit dem Inflation Reduction Act (IRA) einen deutlichen Impuls für die Entwicklung einer eigenen Wasserstoffwirtschaft gegeben. Aufgrund der geringen Komplexität der Rahmenbedingungen ist eine schnellere Marktdurchdringung zu erwarten als bei komplexen und unsicheren Rahmenbedingungen. Europa steht daher vor der Aufgabe, die regulatorische Komplexität deutlich zu reduzieren und Importe sowie den Netzausbau mit hoher Geschwindigkeit voranzutreiben.

Drittens wird grüner Wasserstoff aufgrund der langfristigen Kostenvorteile vor allem in den Regionen der Welt produziert werden, in denen die notwendigen erneuerbaren Energiequellen, wie z. B. Solarenergie, ausreichend und kostengünstig zur Verfügung stehen. Nach den Prognosen der IEA sind die niedrigsten Produktionskosten in Nordafrika, Chile, Westasien, auf der arabischen Halbinsel und in China zu erwarten. Da es sich in einigen Fällen um Länder mit instabilen politischen Verhältnissen handelt, sollte besonderes Augenmerk auf die Diversifizierung der Bezugsquellen gelegt werden, um den politischen Druck zu verringern und die Resilienz der Produktion zu erhöhen.

Die Diversifizierung muss nicht nur bei Wasserstoff, sondern auch bei anderen kritischen Rohstoffen vorangetrieben werden. Um die Diversifizierung der Wertschöpfungsketten voranzutreiben und die Eigenständigkeit zu stärken, sollten Wirtschaftsallianzen mit strategisch wichtigen Partnern aufgebaut bzw. erneuert und gepflegt werden. Kurz vor dem Abschluss stehende Handelsabkommen sollten daher zügig ratifiziert und laufende Verhandlungen zügig abgeschlossen werden. Auch Handelsabkommen mit südamerikanischen Partnerländern können zum Ausbau erneuerbarer Energien beitragen, da das Rohstoffpotenzial, z. B. im Bereich der Lithiumgewinnung, in dieser Region als sehr hoch eingeschätzt wird.

Die Europäische Union wurde – wie eingangs beschrieben – auf vier Grundfreiheiten aufgebaut, die ihr – und ihren

Einwohner*innen – zu einer massiven Wohlstandsmehrung verholfen haben. Jetzt brauchen wir eine fünfte: den freien Verkehr von Energie. Denn integrierte Märkte für saubere Energie entscheiden nicht nur darüber, wie effektiv wir das Klima schützen können, sondern auch darüber, wie wirtschaftlich erfolgreich wir in Zukunft sein werden. Nach wie vor gilt es, nationalstaatliches Denken zu überwinden und gesamteuropäisch zu denken. Wie herausfordernd das ist, zeigen 45 Jahre EuGH-Rechtsprechung seit dem Cassis-de-Dijon-Urteil, das uns erst auf den Weg des freien Warenverkehrs gebracht hat. Es wird ein steiniger Weg. Aber auch hier gilt: Protektionismus ist kurzsichtig.

Energie, als zentraler Punkt unserer Gesellschaft und Standortattraktivität, hat eine Neubewertung erfahren. Nachhaltige energiepolitische Strategien haben eine neue Ära der Innovation und Zusammenarbeit eingeleitet. Energieunternehmen streben nun nach größtmöglicher Unabhängigkeit von Strom- und Erdgasimporten, was sie zu wichtigen Akteuren der Energiewende macht.

Dies wird durch Initiativen des Landes Steiermark unterstrichen, die als Leuchtturmbeispiele für das diesjährige Motto »Europas Regionen. Zukunft gestalten.« dienen. Besonders hervorzuheben ist das »Sachprogramm Photovoltaik« und die Entscheidung sich wieder als 100-Prozent-Eigentümer der Energie Steiermark zu positionieren. Diese Schritte sind ein klares Zeichen für eine selbstbestimmte Weiterentwicklung und ein positives Bekenntnis zur Zukunftsgestaltung. Die Zeiten sind herausfordernd und erfordern Mut zu unkonventionellem Denken. Doch gerade in solchen Phasen zeigt sich die Stärke Europas: Wir gestalten aktiv unsere Zukunft, setzen auf nachhaltige und robuste Strategien und handeln verantwortungsbewusst, auch wenn der Mainstream anders tickt. Mit Blick auf die Zukunft sind wir bestrebt, Europas Zukunft nachhaltig zu gestalten. Die Energiebranche spielt dabei eine entscheidende Rolle und wir sind stolz darauf, Teil dieses Prozesses zu sein.

Christian Purrer

Europas Regionen – weit mehr als erfolgreiche Wirtschaftsräume

In der griechischen Philosophie bezeichnet »Topos« den Ort, an dem etwas seinen Sinn und seine Identität erhält. Ein Topos ist nicht nur ein geographischer Punkt, sondern ein lebendiger Raum, der von Geschichte, Kultur, Kunst und Erinnerung geprägt ist. In diesem Verständnis sind Europas Regionen Räume der Zusammenarbeit, der Kreativität, der Vielfalt und der Lebensqualität. In unserer stark digitalisierten Welt, in der wir immer mehr online kommunizieren, konsumieren und arbeiten, laufen wir Gefahr, diesen Sinn für den Topos zu verlieren. Im Dienst der Globalisierung behandeln wir Orte oft als eindimensionale und austauschbare Kulissen, die wir jederzeit verlassen, wechseln oder virtualisieren können. Indem wir Europas Regionen als »Topoi« anerkennen, die weit mehr sind als vernetzte Wertschöpfungsräume und funktionale Verwaltungseinheiten, gestalten wir eine tragfähige Zukunft, in der es uns auf Basis gemeinsamer Werte und Interessen gelingt, Unterschiede als Quelle der Inspiration zu nutzen. Die Steiermark ist mit ihrer reichen Tradition beispielhaft für die Herausforderungen und Chancen Europas. Sie hat sich zu einem innovativen und dynamischen Wirtschaftsstandort entwickelt, der auf Forschung, Bildung, Technologie und Nachhaltigkeit setzt. Sie hat eine lebendige Zivilgesellschaft, die sich für soziale Gerechtigkeit und demokratische Teilhabe einsetzt. Sie hat eine starke europäische Identität, die auf Werten wie Frieden, Solidarität und Rechtsstaatlichkeit basiert. Menschen brauchen konkrete Anknüpfungspunkte, um handlungsfähig zu sein. Diese Wurzeln finden sie in »ihren« Heimatorten. In diesem Sinne sind Europas Regionen die Seele Europas!

Corinna Engelhardt-Nowitzki

Michael Steiner
Streifzüge durch ein Europa der Regionen

»Gallia est omnis divisa in partes tres« lautet der erste Satz des berühmten Werkes eines noch berühmteren Autors. Cäsars »De bello Gallico« kann als eine erste Regionalanalyse Europas angesehen werden. Dabei werden bereits wichtige Unterscheidungsmerkmale von Regionen aufgezählt: »hi omnes lingua institutis legibus inter se differunt« – auch heute unterscheiden sich Länder und Regionen Europas durch Sprache, institutionellen Rahmen und Gesetze und bilden so eine ständig neu zu gewinnende Einheit in Vielfalt.

Das heutige Europa, vornehmlich das der Europäischen Union, bemüht sich um eine solche Einheit in Vielfalt. Eine wesentliche Dimension dieses Bemühens ist die regionale Kohäsionspolitik der EU, die oftmals als die »largest single development policy in the western world« bezeichnet wurde. Das Ziel dieser Politik ist im Art. 174 des Vertrags über die Arbeitsweise der Europäischen Union festgehalten: »Die Gemeinschaft setzt sich insbesondere zum Ziel, die Unterschiede im Entwicklungsstand der verschiedenen Regionen und den Rückstand der am stärksten benachteiligten Gebiete zu verringern«. Dieses Ziel eines regional ausgeglichenen Wachstums war zwar schon in den Römer Verträgen erwähnt, konkrete Umsetzungsschritte begannen aber erst mit dem Regionalfonds 1975, der 1979 reformiert und dessen Mittel von ursprünglich 5 Prozent auf 20 Prozent erhöht wurden. Durch die »Süderweiterung« (um Griechenland 1981, Spanien und Portugal 1986) der

EU erhielt die Regionalpolitik einen neuen Stellenwert, später nochmals durch die Osterweiterung (2004 und 2007), durch die jeweils neue rückständige Regionen hinzukamen. Mittlerweile ist die Kohäsionspolitik mit 35 Prozent des EU-Budgets dotiert und damit auch das größte finanziell ausgestattete Politikfeld der EU.

Die EU-Regionalpolitik war seit der Reform von 1989 von mehrfachen Prinzipien getragen:
- Konzentration auf benachteiligte Regionen – als Ausfluss des Ausgleichsprinzips hat dies naturgemäß zur Folge, dass die »besseren« Regionen keine (oder nur spezielle problemorientierte) Förderungen mehr bekamen.
- Programmorientierung – es werden nur solche Aktivitäten und Projekte gefördert, die in einem mehrjährigen Entwicklungsprogramm aufgrund spezieller Stärken und Schwächen der jeweiligen Regionsteile konzipiert und in einen Finanzplan eingebunden wurden.
- Additionalität bedeutet, dass die Gelder der EU durch Zahlungen der Mitgliedstaaten, Regionen, Gemeinden, auch durch private Investoren ergänzt werden müssen, damit es nicht zu einer Substitution der nationalen Förderungen kommt.
- Partnerschaft führt zu einer Teilnahme aller involvierten Ebenen, wobei – gemäß dem Subsidiaritätsprinzip – den Regionen bei der Erarbeitung und Umsetzung der Programme eine prioritäre Rolle zukommt.

Diese Prinzipien geben für die Umsetzung der Regionalpolitik einen Rahmen vor, der durch alle bisherigen Programmperioden beibehalten wurde, sich aber immer wieder in konkreten und durchaus unterschiedlichen Einzelschritten und Falllösungen realisieren musste. Einige solcher Umsetzungs- und Lösungsschritte seien als Fallbeispiele von Regionalpolitik im EU-Rahmen, aber auch darüber hinaus, dargestellt.

Um mit der unmittelbaren Heimat – Österreich und seine Bundesländer mit ihren Subregionen – zu beginnen: Durch den Beitritt bekam die Regionalpolitik einen neuen Stellenwert mit neuen Herausforderungen. Plötzlich gab es eine neue Entscheidungsebene, die auch zu Kompetenzverschiebungen führte; es wurden neue und zusätzliche Spielregeln eingeführt; es gab stärkere Kontrollen auch im Sinne einer inhaltlichen Bewertung der eingesetzten Mittel; und es gab zusätzliche Mittel für dieses Politikfeld und damit für Österreich als Nettozahler die Möglichkeit, Gelder wieder zurückfließen zu lassen.

Besonders für die Steiermark bedeutete das eine Ein- und Anpassung der spezifischen steirischen Strategien, vornehmlich der Cluster- und der Forschungsorientierung, in die Rahmenvorgaben der EU-Politik. Dass dies einigermaßen erfolgreich war, belegt eine Initiative der OECD, die 2008 in ihrem Projekt »A Review of Local Economic and Employment Approaches on OECD Countries« u. a. die Steiermark als Vorbild für regionalpolitische Strategien in Wales auswählte. In den Empfehlungen wurden drei Politikmaßnahmen als beispielshaft für Wales angeführt:
- Clusterorientierung als ein Signal für die Notwendigkeit von Kooperation zwischen Firmen, vom Aufbau von Netzwerken zwischen kleineren und mittelgroßen Firmen, um gemeinsam als Zulieferer für die Großen quali-

fiziert zu sein, aber auch als Medium der Qualifikation und des Voneinanderlernens.
- Die Identifikation und Entwicklung von zukünftigen Stärkefeldern als eine spezielle Form einer regionalen Technologieperspektive mit Schwerpunkten in Ausbildung und, Qualifikation.
- Forschung und Institutionenaufbau für die Generierung und die Diffusion von Wissen besonders in Form von »Kompetenzzentren« für die regionale Wirtschaft, wobei betont wurde, dass eine wesentliche Dimension von innovativen Clustern in immateriellen Formen des Wissensaustausches besteht.

Diese grundlegenden Orientierungen wurden anschließend hinsichtlich ihrer Umsetzbarkeit für Wales bewertet, auch auf notwendige Voraussetzungen für ihre Übertragbarkeit und Implementierung hingewiesen. Europäische Regionalpolitik bedeutet demnach auch, dass Regionen voneinander lernen. Die Frage der Übertragbarkeit regionalpolitischer Erfahrungen anderer Länder war auch Gegenstand der spezifischen innerdeutschen Initiative »Innoregio«. Mit ihrem Start 1999/2000 hatte sie zum Ziel, Unternehmen in den neuen deutschen Bundesländern mittels Netzwerk- und Clusterorientierung höhere Grade an Wettbewerbsfähigkeit zu vermitteln. Auch dabei waren die steirischen Initiativen Vorbild für nicht wenige erfolgreich bewertete Projekte.

Eine große Herausforderung für die genuine EU-Regionalpolitik stellte natürlich die EU-Erweiterung nach der Jahrtausendwende dar: Wie lassen sich die neuen Mitglieder in die Schemata der Kohäsionspolitik einfügen? Die Europäische Kommission (DG Regio) beauftragte dazu eine »Study on the potential and needs of the new Member States«. Die Hauptaufgabe bestand darin, für jedes einzelne neue Mitglied zunächst eine länderspezifische Analyse vorzunehmen, inwieweit bereits eine Transformation gelungen ist, wieweit diese zu neuen Formen von Ungleichheiten besonders auch auf regionaler Ebene geführt hat. Auf dieser Basis wurden Hauptgruppen von Maßnahmen (Infrastruktur, Angebot an Produktionsfaktoren, Ausbildung, Verbesserung des betrieblichen Umfeldes, soziale Kohäsion, Institutionenverstärkung und Administration) gebildet und der jeweilige Anteil der europäischen Kofinanzierung (für die damals erste Programmperiode im Ausmaß von etwa 140 Milliarden Euro) festgelegt. Gleichzeitig wurde auf die Schwierigkeiten aufgrund der Startbedingungen hingewiesen: geringe Regionalisierung, fehlendes administratives Personal, Koordinations- und Kontrollmängel, geringe strategische Ausrichtung von Einzelprojekten.

Wie schauen regionalpolitische Initiativen außerhalb der Europäischen Union aus?

Für die Russische Föderation lässt sich ein spezielles Fallbeispiel anführen: 1999 initiierte der Europarat ein Projekt für grundlegende Strukturen einer russischen Regionalpolitik. Die Hauptaufgabe bestand darin, Typen von Regionen festzustellen, auf deren Basis unterschiedliche regionalpolitische Strategien entwickelt werden konnten. Beamte aus ausgewählten Ministerien berieten mit westlichen Experten, welche der Oblasts ähnliche Strukturen aufweisen und somit zu Regionaltypen zusammengefasst werden können. Das Projekt fiel in eine Zeit, die noch einigermaßen durch politische und strategische Offenheit geprägt war – die von der Studiengruppe (die kurioserweise in der Lubjanka, dem ehemaligen Hauptquartier des KGB tagte) vorgeschlagene Typisierung wurde weitestgehend übernommen.

Ein weiteres Beispiel für regionalpolitische Strategien in und am Rande Europas war der Entwurf einer »National Regional Development Strategy« der türkischen Regierung, unterstützt von der World Bank 2008/2009. Die strategischen Überlegungen waren von mehreren Besonderheiten geprägt: Es war ein Schritt im Zuge des »EU pre-accession process«, durch den regionale Entwicklungspolitiken neu bewertet werden sollten. Eine spezielle Herausforderung waren die exorbitanten regionalen Disparitäten – das Pro-Kopf-Einkommen zwischen starken und benachteiligten Regionen divergierte in einem Verhältnis von 8:1. Und es war eine »nationale« Strategie, die zwar regionale Initiativen einbezog, aber den Regionen aus politischen Gründen keine große Autonomie zubilligen wollte. Insgesamt schlug der Strategieentwurf jedoch einen paradigmatischen Wechsel einer wichtigen Dimension der türkischen Wirtschaftspolitik vor: Er betonte den Beitrag von Regionen für die nationale Wirtschaftsentwicklung und sah die Verringerung von Disparitäten als wesentliches Ziel an.

All diese Fallbeispiele zeigen, dass Regionen und deren Strategien eine wesentliche Dimension einer europäischen Politik darstellen. Gleichzeitig lassen sich daraus Grundzüge einer zukünftigen Gestaltung für Europas Regionen ableiten:

I. Regionen haben ihre spezifischen Stärken und Schwächen – es gibt keine »one size fits all«-Politiken.
II. Regionen sind Paradebeispiele für offene Wirtschaften – ihre Entwicklung hängt von Austausch von Gütern und vermehrt von Dienstleistungen ab, von der Mobilität von Menschen, und damit von dem, was diese an spezifischen Stärken hervorbringen.
III. Konvergenz bleibt Ziel, muss aber den trade-off von regionaler Gleichheit und nationaler, zunehmend auch übernationaler Effizienz berücksichtigen.
IV. Einheit in Vielfalt bleibt Spannungsfeld eines sich erweiternden Europas. Dies bedeutet Rücksichtnahme auf sozio-kulturelle Eigenheiten, bedeutet aber auch klare Vorgaben bei weiteren Integrationsschritten.
V. Regionale Entwicklungsrückstände befördern Euroskepsis – europäische Integration braucht regionale Kohäsion.

Literatur

Bachtler, J., Horvath, G., Martin, R., Petrakos, G., Steiner, M. (2006), Study on the Potential and Needs of the New Member States, European Commission (DG Regio)/European Policies Research Centre, University of Strathclyde, Glasgow.

Cappellin, R., Steiner, M. (1999), Comments for Restructuring the Oblasts of the Russian Federation, Moscow.

InnoRegio die Dokumentation (2000), Bundesministerium für Bildung und Forschung, Bonn.

Jackson, R.W., Hewings, G.J.D., Rey, S., Gracia, N.L. (2019), Regional Development Overview. Challenges, Adopted Strategies, and New Initiatives, Regional Research Working Paper 9056, World Bank Group.

Rodriguez-Pose, A. (2023), The Geography of EU discontent and the regional development trap, Hungarian Regional Science Association 21st Annual Meeting, Pecs.

Steiner, M. (2008), Comments to The New Regional Development Policies and Implementations, Republic of Turkey/World Bank, Graz/Ankara.

Steiner, M. (2008), Regional Case Study: Styria and its Transferability, OECD project «A Review of Local Economic and Employment Development Approaches in OECD Countries», Graz/Paris.

Steiner, M. (2020) WIRTSCHAFT.STEIERMARK. Zwischen Utopie und Realität, Leykam, Graz.

Europäisch studieren an der Montanuniversität Leoben

Ein Vorzeige-Beispiel für Studieren in Europa ist die Montanuniversität Leoben. Sie ist als technische Universität mit einzigartiger Ausrichtung bekannt und leitet seit einigen Jahren die European University on Responsible Consumption and Responsible Production, kurz EURECA-PRO. EURECA-PRO hat es sich zum Ziel gesetzt, zum europäischen Kompetenzzentrum für Bildung und Forschung für verantwortungsvollen Konsum und verantwortungsvolle Produktion zu werden und arbeitet kontinuierlich am langfristigen Ziel, bis 2040 einen virtuellen und integrierten europäischen Campus zu schaffen. Für Studierende ergeben sich daraus vielfältige Vorteile. Dazu zählen eine interdisziplinäre und internationale Ausbildung sowie die Möglichkeit, von Beginn des Studiums an wertvolle Erfahrungen im Ausland zu sammeln. In den BSc, MSc und PHD Studien Responsible Consumption and Production werden Studierende auf eine internationale Karriere vorbereitet und profitieren außerdem von einem einzigartigen europäischen Netzwerk, welches die Entwicklung interkultureller Kompetenzen fördert. Für das Auslandssemester stehen acht Universitäten zur Auswahl. Diese sind die TU Bergakademie Freiberg (Deutschland), Technische Universität Kreta (Griechenland), Universität León (Spanien), Schlesische Technische Universität (Polen), Universität Petroșani (Rumänien), Hochschule Mittweida (Deutschland), Universität Hasselt (Belgien) und Universität Lorraine (Frankreich).

Peter Moser

Heinz Faßmann
Mehr Europa – eine Chance

Die Europäische Union steht Anfang 2024 vor Parlamentswahlen und einer Neubesetzung der Kommission. Kräfte, denen weder die Vielfalt noch die Einigung des Kontinents am Herzen liegen, können mit Zugewinnen rechnen. Die Herausforderungen, manchmal auch Zumutungen, die die europäische Integration und die Politik aus »Brüssel« mit sich bringen, überdecken die unglaubliche Erfolgsgeschichte der EU. Eine Weiterführung wäre aber dringend notwendig, denn Europa ist unter Druck. Der Kontinent ist demographisch schrumpfend und alternd, verliert an ökonomischer Bedeutung, ist sicherheitspolitisch abhängig und behindert sich manchmal selbst. Die Mischung aus Zukunftssorge, Technologieskepsis und moralischer Überhöhung führt zu Entscheidungen, die wenig vorteilhaft sind. Auf drei miteinander in Beziehung stehende, selektiv ausgewählte Politikbereiche wird im Folgenden aufmerksam gemacht.

Das »Reproduktionsproblem« der Bevölkerung

Europa steht vor einem veritablen »Reproduktionsproblem«, eine Elterngeneration wird nicht mehr durch eine Kindergeneration ersetzt. Dazu wäre ein Geburtenniveau von rund 2,1 Kindern pro Frau notwendig, dann würden den Vätern und Müttern gleichviele Kinder folgen. Europa ist weit davon entfernt. Eine Frau bringt im Laufe ihres »gebärfähigen Alters« rund 1,5 Kinder zur Welt, weltweit sind es 2,4, in Afrika sogar 4,1. Kein anderer Kontinent weist auch nur annähernd dermaßen niedrige Fertilitätsraten auf wie EU-Europa. Gleichzeitig beträgt die Lebenserwartung in der EU zum Zeitpunkt der Geburt und für beide Geschlechter rund 81 Jahre, weltweit rund 71 Jahre, in Afrika aber nur 62 Jahre (https://ourworldindata.org).

Wenn zu wenige junge Menschen nachkommen und die Bevölkerung länger lebt, dann verschieben sich die Gewichte der Altersstruktur der Bevölkerung. Die höheren Altersgruppen nehmen anteilig zu, das Durchschnittsalter steigt, die Bevölkerung altert. Das Medianalter liegt in Afrika bei 18 Jahren, weltweit bei 31 Jahren und in der EU bei 44 Jahren. Das heißt: 50 % der Bevölkerung sind älter als 44. Eine gute Nachricht? Ja und Nein, denn die Auswirkungen sind vielschichtig. Die Alterung verursacht verstärkte Ausgaben im Bereich Gesundheit, Pflege und Alterssicherung, das betrifft die Welt mit einer jungen Bevölkerung nicht. Umgekehrt haben die Jüngeren in einer alternden Gesellschaft alle Chancen in den Schulen, den Universitäten und auf den Arbeitsmärkten, während im umgekehrten Fall die Jungen in einem nicht ausgebauten Bildungssystem und beim Eintritt in das Beschäftigungssystem sich einer sehr viel stärkeren Konkurrenz zu stellen haben. Während in der EU zunehmend und nach dem Ausscheiden der Babyboomer besonders nach Arbeitskräften gesucht wird, wissen jungen Menschen außerhalb Europas oft nicht, wie sie sich eine Existenz schaffen können.

Herausforderung: Asyl und Zuwanderung

Es wäre daher naheliegend, politisch für einen Ausgleich zu sorgen. Eine kompensatorische Zuwanderung könnte den Arbeitskräftebedarf in der EU decken und gleichzeitig für eine Entlastung in den potenziellen Herkunftsgebieten sorgen. Damit wäre allen gedient, den Zuwanderern, den Herkunftsgebieten und Europa und dennoch gelingt es der EU nicht, diesen Bereich zu regeln. Das hat bekannte Gründe.

Die Majorität der Zuwanderer in die EU sind Asylwerber, die von sich aus kommen und nicht gezielt angeworben werden. Sie berufen sich dabei auf das individuelle Recht auf Asyl und dieses wiederum basiert auf der Genfer Flüchtlingskonvention und den nachfolgenden Rechtsakten. Die Genfer Flüchtlingskonvention wurde in der Nachkriegszeit geschaffen, als der rasch aufgebaute Eiserne Vorhang für wenig Asylzuwanderung sorgte – bis auf die Krisenjahre 1956, 1968 und 1981.

Das individuelle Recht auf Asyl war vergleichsweise einfach zu administrieren, der Zugang von wenigen zum Sozialsystem kein ernsthaftes Problem. Mit der seit den Zehnerjahren des 21. Jahrhunderts beobachtbaren Rekordzuwanderung von Menschen, die in der EU um Asyl ansuchen, ändert sich die Situation gravierend. Die individuelle Prüfung der Fluchtursachen stellt einen erheblichen bürokratischen Aufwand dar, benötigt oft Jahre und führt zu einer Aufenthaltsverfestigung auch dann, wenn am Ende festgestellt wird, dass keine Asylgründe vorliegen. Eine Abschiebung ist oft nicht möglich, eine weitere Duldung die Folge. Getragen wird diese Zuwanderung vom Wunsch nach einem besseren Leben in Freiheit und Sicherheit, unabhängig davon, ob Asylgründe im Sinne der Flüchtlingskonvention vorliegen und unabhängig von einer potenziellen Aufnahme in das Beschäftigungssystem der Aufnahmestaaten. Weil dem oft nicht so ist, ist eine sozialpolitische Alimentierung in Form von Grundsicherung, Bürgergeld und anderen Unterstützungsleistungen notwendig, was nicht nur teuer ist, sondern auch die politische Stimmungslage verändert. Wenn in einem sozialen Wohlfahrtsstaat die Beiträge und die Entnahmen nicht symmetrisch verteilt sind und die eine Bevölkerungsgruppe mehr einzahlt und die andere mehr entnimmt, dann geht die gesellschaftliche Solidarität verloren – ein Faktum, welches in vielen europäischen Staaten zu beobachten ist.

Im zahlenmäßigen Vergleich zur Asylmigration und dem damit zusammenhängenden Familiennachzug, aber auch zur realen Nachfrage nach Arbeitskräften, bleibt die Zuwanderung von qualifizierten und auf den Arbeitsmärkten gesuchten Personen zurück. Weder die österreichische Rot-Weiß-Rot-Karte noch die europäischen Blue Card hat daran etwas geändert und ob das deutsche Fachkräfteeinwanderungsgesetz etwas bewirkt, muss noch beobachtet werden. Manchmal sind die Hürden zu hoch, der bürokratische Aufwand zu groß und die Strahlkraft Europas für die Hochqualifizierten im Vergleich zu den USA zu gering. Fakt ist, dass eine Neuordnung der Asyl- und Arbeitskräftezuwanderung weiterhin zu den großen Aufgaben der nächsten EU-Kommission und des neu gewählten Parlaments zählen wird. Ein Abriegeln des Kontinents, wie es manche anstreben, ist jedenfalls keine tragfähige Lösung, ebenso wenig wie eine naive Refugees Welcome Attitude. Wenn sich in dieser Frage die politische Mitte nicht durchsetzt, werden aber genau die gestärkt, die Extremstandpunkte vertreten.

Herausforderung: Wirtschaftswachstum bei alternder Bevölkerung

Mit der Alterung und dem tendenziellen Rückgang der Bevölkerung ist ein zweites eminentes Problem verbunden: Die Volkswirtschaften in der EU benötigen ein veritables Wirtschaftswachstum, um damit die zunehmenden sozialpolitischen Aufgaben finanzieren zu können. Mit der Alterung ist ein Mehr an finanziellen Ressourcen für die Gesundheit, für die Pflege und für das Pensionssystem notwendig, denn letzteres funktioniert aufgrund zahlreicher politischer Versprechungen in der Vergangenheit nur teilweise über ein sich selbst finanzierendes Umlageverfahren. Und auch für die Bewältigung des Klimawandels sind zusätzliche budgetäre Mittel notwendig, die nur über ein wirtschaftliches Wachstum aufgebracht werden können, denn die Steuerlast ist in vielen europäischen Staaten jetzt bereits sehr hoch.

Das wirtschaftliche Wachstum ist aber kein Selbstläufer, es muss erarbeitet werden. Aufgrund der demographisch stagnierenden Inlandsmärkte ist besonders der Export der Treiber des Erfolgs. Auf den demographisch wachsenden Absatzmärkten außerhalb der EU kann jenes Wachstum erzielt werden, das notwendig ist, um die angesprochenen Aufgaben zu finanzieren. Auf den Absatzmärkten innerhalb der EU sind es Ersatzinvestitionen, die getätigt werden müssen, und Konsumentscheidungen, die zu einer gewissen Wohlstandssteigerung beitragen. Beides führt aber nur zu einem stabilen, nicht zu einem deutlichen Wachstum.

Das Wirtschaftswachstum über den Export kann nur erzielt werden, wenn die angebotenen Produkte attraktiver sind als die Konkurrenzprodukte aus China, den USA und anderswo. Sie werden nicht billiger sein, denn die Lohnstückkosten sind in Europa aufgrund der Löhne und Gehälter hoch. Über Lohnreduktion wird eine Konkurrenzfähigkeit niemals herzustellen sein, sondern nur über Produktivitätsgewinne oder über besondere Produktinnovationen. Gelingt das? Abermals ein Ja und ein Nein.

Produktivitätsgewinne können durch eine gut ausgebildete Erwerbsbevölkerung erzielt werden, durch Investitionen in die Produktionsfaktoren und durch Forschung und Entwicklung. Viele Unternehmen in der EU sind ausgesprochen forschungsstark – gut so. Sie greifen oft das auf, was die Grundlagenforschung in den Universitäten und den außeruniversitären Forschungseinrichtungen erarbeitet haben. Die vielen Nobelpreise, die an europäische Forscher und Forscherinnen vergeben werden, mögen als Indiz dafür herhalten. Bedenklich stimmt jedoch, dass die Umsetzung nicht im gleichen Ausmaß gelingt. Zu wenig Risikokapital, zu viel Bürokratie, zu viele Zweifel, manchmal auch aus parteipolitischen Überlegungen.

Letzteres erinnert an die Ablehnung der grünen Gentechnik. Die französische Wissenschaftlerin Emmanuelle Charpentier forschte lange in Wien, entwickelte die sogenannte Genschere (CRISPR/Cas9) und erhielt dafür mit Jennifer Doudna 2020 den Nobelpreis für Chemie. Mit Hilfe der Genschere wird das Erbgut einer Zelle gezielt verändert, was sonst zufallsgesteuert abläuft. Ein natürlich ablaufender Prozess wird technologisch gelenkt, um die Umwelteigenschaften zum Beispiel einer Pflanze zu verändern. Das könnte man auch durch konventionelle Zuchtmethoden erreichen, aber sehr viel langsamer und mit einem viel größeren Aufwand. Während außerhalb der EU, die Politik die Chancen erkennt und die einschlägige Forschung fördert, zaudert man in Europa. Eine wissenschaftsferne Anti-Gentechniklobby warnt vor den negativen Auswirkungen auf Menschen und Umwelt, ohne jedoch auf wissenschaftliche Evidenz zurückgreifen zu können. Parteien verstärken diese Befürchtungen, greifen damit die Ängste der Bevölkerung vor der Veränderung auf und wollen damit beim nächsten Wahltermin Erfolge erzielen. Ob das langfristig für die Gesellschaft und die EU vorteilhaft ist, spielt dabei keine sehr große Rolle.

Ausblick: Rezept für Europa?

Wie kann Europa mit seinen Herausforderungen umgehen und daran wachsen? Die Rezepte sind einfach und kompliziert zugleich. Das »Reproduktionsproblem« der Bevölkerung kann weder durch Geburtenprämien, noch durch besondere familienpolitische Maßnahmen beseitigt werden. Dazu sind die verursachenden Mechanismen zu tief in der »gesellschaftlichen DNA« verankert. Man muss dennoch darauf achten, dass durch generelle Familienfreundlichkeit und entsprechende Infrastrukturen das Potenzial der nicht oder noch nicht erwerbstätigen Bevölkerung gehoben wird. Ohne Zuwanderung werden die Auswirkungen des »Reproduktionsproblems« aber nicht gemeistert werden können. Die EU ist gemeinsam mit den Mitgliedstaaten gefordert, eine Zuwanderungspolitik zu installieren, die sich an den Interessen der aufnehmenden Staaten orientiert und der es gelingt, Asyl tatsächlich nur an jene zu vergeben, die es im ursprünglichen Sinne auch benötigen. Asyl kann und soll kein Ersatz für eine Arbeitsmigration sein.

Europa braucht Wirtschaftswachstum. Die Ausgaben für den Umbau von Heizungen, Mobilität und industriellen Produktionen, die ihren Beitrag zur Klimaneutralität leisten, sind ebenso bedeutend, wie die Kosten für die Bewältigung der Alterung. Die Forschung ist essenziell für ein Wirtschaftswachstum und sie basiert sowohl auf der Grundlagen- als auch auf der anwendungsorientierten Forschung. Für beides gibt derzeit die USA 3,5 % des BIPs aus, Japan 3,3 %, China 2,4 %, die EU aber nur 2,3 %.[1] Dass Österreich in dem Bereich 3,2 % des Bruttoinlandsprodukts ausgibt, muss positiv vermerkt werden, soll aber nicht zur Selbstgefälligkeit verleiten. Die Mitgliedstaaten der EU und die EU selbst machen in dem Bereich zu wenig und begeben sich damit auch in eine technologische Abhängigkeit. Und wenn Abhängigkeiten von anderen Staaten einmal da sind, ist es schwer, sie wieder loszuwerden.

Das Parlament und die Kommission werden sich dieses Problems ebenfalls annehmen müssen. EU-Europa wird mehr Anstrengungen leisten müssen als business as usual fortzuführen oder als Bewahrer und Mahner von Werten aufzutreten. Die Europäische Union betont ihre »globale Führungsrolle« und sie will »gleichzeitig in den Bereichen Klima-, Umwelt- und Arbeitsschutz für höchste Standards« sorgen.[2] Alles gut, wenn sie auch ökonomisch so erfolgreich ist, dass es möglich wird, in militärische Sicherheit zu investieren, denn die Bedrohungslage ist eine andere geworden, und in Forschung und Innovation, denn nur

---

[1] Österreichischer Forschungs- und Technologiebericht 2023, S. 50.
[2] https://commission.europa.eu/strategy-and-policy/priorities-2019-2024 stronger-europe-world_de.

dadurch kann Fortschritt, was immer das im Detail auch heißen mag, erzielt werden. In der laufenden Budgetperiode (2021–2027) des EU-Haushaltes werden rund 60 % eines 2.000-Milliarden-Budgets für »Cohesion, Resilience and Values« ausgegeben, 21 % für »Natural Resources and Environment«, aber nur rund 5 % für »Research and Innovation«.[3] Dazu kommt, dass die »Budgetsilos« voneinander abgeschottet sind: Warum nicht Gelder aus der Landwirtschaftsförderung (Natural Resources and Environment) auch für Forschung verwendet werden, die der Landwirtschaft zukommt, oder Gelder aus der Regionalförderung (Cohesion, Resilience and Values) für einen Universitätszubau, der die Region belebt, bleibt unverständlich.

Mehr Europa ist eine Chance – keine Frage –, aber Chancen sind herauszuarbeiten und auch zu nützen. Die Lage ist kritisch und die Zeit schwierig wie seit langem nicht mehr, eine Rückkehr zur Kleinstaaterei aber ist keine Alternative. Ob neue Richtlinien oder Verordnungen notwendig sind, um die Welt besser zu machen, ist unklar, ein Mehr an Europa, um die skizzierten Probleme zu lösen, aber sehr wohl.

---

[3] https://commission.europa.eu/strategy-and-policy/eu-budget/long-termeu-budget/2021-2027/spending/headings_en.

Europa und die Welt stehen vor großen Herausforderungen: Kriege, Inflation, Wettbewerbsverlust, Ressourcenmangel und Klimawandel. Dafür braucht es einen Zusammenschluss aller Regionen unter Ausschöpfung der technologischen Möglichkeiten und innovativsten Geister. Die Zusammenarbeit zwischen Wissenschaft, Wirtschaft und öffentlicher Hand in der Steiermark ist dafür ein Vorbild und bringt die Steiermark damit an die Spitze der europäischen Regionen. Denn nur durch gezielte gemeinsame Maßnahmen kann flexibel auf die globalen Herausforderungen reagiert und können Antworten gefunden werden. Die regionale Umsetzung der EU-Missionen ist dabei ebenfalls eine zentrale Antriebsfeder zur Stärkung Europas. Die JOANNEUM RESEARCH als Forschungsgesellschaft der Länder und Regionen setzt zahlreiche Forschungsvorhaben in den missionsorientierten Themenfeldern um und leistet damit einen wesentlichen Beitrag zur Resilienz Europas. Nur ein gemeinsames Europa und eine starke Europäische Union können weiterhin für Frieden, Stabilität und Wohlstand sorgen.

Heinz Mayer

Wolfgang Polt

Europäische Regionen – Konvergenz, Divergenz und die europäische Politik

Die europäischen Regionen (je nach Zählweise und Aggregationsebene 92, 242 oder 1.166) unterscheiden sich in vielfältiger Hinsicht: historisch, politisch, kulturell und auch was ihren ökonomischen Entwicklungsgrad und ihre Entwicklungspotenziale angeht. Während die historische und kulturelle Diversität oft (wenn auch nicht immer) als befruchtender Unterschied beschrieben und erlebt wird, ist die Verringerung der Unterschiede im ökonomischen Entwicklungsgrad und den Entwicklungspotenzialen seit den Römischen Verträgen und der Gründung der Europäischen Investitionsbank im Jahr 1958 ein zentrales Politikziel der Europäischen Gemeinschaft bzw. Union. Der Vertrag über die Arbeitsweise der Europäischen Union (*AEUV*) aus dem Jahr 2009 definiert dieses Ziel so: »Die Union setzt sich insbesondere zum Ziel, die Unterschiede im Entwicklungsstand der verschiedenen Regionen und den Rückstand der am stärksten benachteiligten Gebiete zu verringern. Unter den betroffenen Gebieten gilt besondere Aufmerksamkeit den ländlichen Gebieten, den vom industriellen Wandel betroffenen Gebieten und den Gebieten mit schweren und dauerhaften natürlichen oder demographischen Nachteilen, wie den nördlichen Regionen mit sehr geringer Bevölkerungsdichte sowie den Insel-, Grenz- und Bergregionen« (Art. 174). Hinter dieser Zielbestimmung stehen die Thesen, (i) dass eine zu große Unterschiedlichkeit im Entwicklungsstand sich nachteilig auf den politischen und gesellschaftlichen Zusammenhalt der Union auswirken und sie in Legitimationsprobleme bringen würde, sowie (ii) dass eine Konvergenz der europäischen Regionen in Richtung höherer Einkommens-, Beschäftigung- und Wohlstandsniveaus auch ökonomisch vorteilhaft ist.

Entsprechend stieg im Laufe der Zeit die Zahl der Instrumente und auch die Mittel, die der europäischen Kohäsionspolitik zur Erreichung der Konvergenzziele zur Verfügung stehen: So stehen dafür nicht nur der Fonds für regionale Entwicklung (EFRE), sondern auch u. a. der Kohäsionsfond (KF), der Europäische Fonds für die Entwicklung des ländlichen Raumes (ELER), der Europäische Sozialfond (ESF) u. a. Quellen zur Verfügung. Von einem Anteil an den Gesamtausgaben der EU von etwa 20 % Anfang der 1990er-Jahre stiegen in Folge die Mittel für Regionalförderungen auf aktuell zusammen über 50 %, was sie zum wichtigsten einzelnen Ausgabenbereich der EU macht.

Vor dem Hintergrund aktueller Entwicklungen wäre zu fragen, ob (i) mit diesen substanziellen Mitteln die angepeilten Zielsetzungen erreicht und das ›Konvergenzversprechen‹ (Hüther 2019) eingelöst wurde und (ii) ob dieses Versprechen angesichts anderer aktueller Politikziele (insbesondere der internationalen Wettbewerbsfähigkeit und der Bewältigung der ›doppelten (digitalen und ökologischen) Transformation‹ für die man besonders die am höchsten entwickelten Regionen braucht, noch sinnvoll aufrechterhalten werden kann bzw. welche Form es heute annehmen müsste.

Die erste Frage ist empirisch nicht leicht zu beantworten, lassen sich doch unterschiedliche Phasen der Konvergenz und Divergenz (d. h. der Annäherung ökonomischer Entwicklungsniveaus, gemessen etwa am Bruttoregionalprodukt pro Kopf oder den Beschäftigungs- und Einkommensniveaus) beobachten: Bis zur Finanzkrise 2008/2009 dominierten etwa die Konvergenztendenzen, nach dieser Krise kam es tendenziell wieder zu wachsenden Unterschieden. Auch geographisch verteilten sich Konvergenz und Divergenz ungleich: Während etwa einige mittel- und osteuropäische Regionen (etwa die Hauptstadtregionen Tschechiens, der Slowakei und Polens) im längeren Entwicklungsverlauf (zum Teil starke) Konvergenztendenzen zeigten, weisen einige südeuropäische Regionen Stagnation bzw. sogar einen Rückfall gegenüber schon erreichten Konvergenzniveaus auf (etwa im Süden Italiens oder in Griechenland). Dies verweist darauf, dass regionale Unterschiede oft sehr tiefliegende strukturelle Ursachen haben und sich die jeweiligen ökonomischen und technologischen Spezialisierungsmuster, Entwicklungsniveaus und die Qualität von Institutionen nur sehr langsam verändern (lassen). Als (sehr grobes) Resümee aus vielen empirischen Befunden lässt sich vielleicht sagen, dass die EU-Kohäsionspolitik dazu beigetragen hat, die Unterschiede abzuschwächen und die unterschiedliche ›Schockbetroffenheit‹ von Regionen (das Ausmaß in dem sie von Krisen betroffen sind) abzumildern. Generell aufheben konnte sie sie offenbar trotz erheblichem finanziellen und instrumentellen Aufwand nicht.

Das führt zur zweiten Frage, nämlich der ob angesichts der Umbrüche, die die aktuellen digitalen und ökologischen

Transformationen mit sich bringen – und auf die auch die EU-Politik immer stärker mit entsprechenden Forschungs-, Technologie- und innovationspolitischen Initiativen (Green Deal, ›neue Industriepolitik‹) reagiert – nicht zu erwarten ist, dass sich durch diese Umbrüche die Unterschiede zwischen den europäischen Regionen (wieder) verstärken werden. Diese Umbrüche haben auch eine neue Runde im internationalen Standortwettbewerb ausgelöst in dem die EU nun versucht, gegenüber China und den USA verlorenes Terrain wieder aufzuholen. Dies betrifft zum einen die digitale Transformation – etwa mit dem europäischen ›Chips Act‹ als Antwort auf sein US-amerikanischen Gegenstück und die schon deutlich früher und deutlich größer dimensionierten Programme in China, Südkorea oder Taiwan. Zum anderen aber auch die ökologische Transformation, die sowohl in den USA als auch in China stark mit dem Versuch verbunden wird, heimische Industrien stark zu positionieren (sichtbar etwa besonders in der Photovoltaik und der Batterieentwicklung).

Ein solcher Wettbewerb – und eine entsprechende Politik – in forschungs- und technologieintensiven Branchen wird nur von wenigen Unternehmen und wenigen Ländern/Regionen aufgenommen werden können. Ablesbar ist das etwa an den Summen mit denen aktuell heimische und ausländische Investitionen in ›Gigafactories‹ in der Halbleiterfertigung, der Batteriefertigung oder der Elektromobilität in Deutschland, Frankreich oder Schweden gefördert werden. Diese übersteigen im Einzelfall schon die Forschungs- und Entwicklungsausgaben vieler EU-Länder, was notwendigerweise zu einer starken regionalen Konzentration der entsprechenden Aktivitäten führen wird (z. B.

im ›Battery Valley‹ in Nordfrankreich, in ›Silicon Saxony‹ o. a. regionalen Clustern). Eine solche regionale Konzentration bzw. deren Intensivierung ist schon deshalb zu erwarten, weil (i) bereits in der jüngeren Vergangenheit zu beobachten war, dass sich die technologischen und innovativen Kompetenzen in der EU sehr stark konzentriert haben (Pinhero et al. 2022), (ii) dass diese Fähigkeit zur Herstellung komplexer hochtechnologischer Produkte (im Verbund mit spezialisierten Zulieferern, Forschungseinrichtungen, lokal verfügbaren gut ausgebildeten Arbeitskräften u. a.) selbstverstärkend ist. Das heißt, dass damit auch Wettbewerbsvorteile für die Entwicklung neuer komplexer Produkte einhergehen und (iii) dass diese Spezialisierungsvorteile auch und insbesondere bei den Technologien, die die ›twin transitions‹ prägen festzumachen sind (siehe Bachtrögler-Unger et al. 2023).

Eine EU-Politik, die zum einen diese Transformationen vorantreiben und zum anderen die europäischen Unternehmen industriepolitisch dabei unterstützen will, wird damit unterschiedliche Entwicklungsdynamiken in Regionen fördern (müssen). Es scheint auch fraglich, ob die von der EU betriebene regionale Innovationspolitik, mit der sogenannte ›Smart Specialisation‹ der Regionen gefördert werden soll, dieser Entwicklung entgegensteuern kann. Diese Smart Specialisation Strategien sollen Regionen dabei helfen, ihre existierenden Spezialisierungsvorteile auszubauen und/oder auf neue Bereiche auszuweiten. Das Programm ist noch in einer frühen Phase seiner Umsetzung und seine Effekte sind zum gegenwärtigen Zeitpunkt noch nicht wirklich abzuschätzen (siehe Rigby et al. 2022). Wenn allerdings die Regionen vorwiegend auf die weitere Vertiefung bestehender Spezialisierungsmuster gesetzt haben (was wahrscheinlich ist), dann wird das die bestehende deutliche Diskrepanz zwischen den entwickelten den weniger entwickelten Regionen nicht beseitigen können.

Die EU hat vor dem Hintergrund dieses Dilemmas folgende prinzipielle Gestaltungsmöglichkeiten: sie kann zum einen versuchen, regionalpolitische Zielsetzungen in die technologie- und industriepolitischen einzuschreiben (etwa indem sie die Einrichtung der erwähnten ›Gigafactories‹ in benachteiligte Regionen zu lenken versucht). Von dieser Vorgangsweise ist aus mehreren Gründen abzuraten. Es wäre zu erwarten, dass diese Verknüpfung der Erreichung der industriepolitischen Zielsetzungen erschwert oder ganz verunmöglicht: nicht zufällig gibt es die Agglomerationsvorteile von hochentwickelten regionalen Clustern. In vielen Fällen wäre das auch eine Überforderung des jeweiligen regionalen ›Business Ökosystems‹. Sie könnte aber auch versuchen, die Kooperationsbeziehungen und Verflechtungen zwischen den europäischen Regionen zu verstärken. Diese sind noch deutlich unterentwickelt und weisen – auch in den technologischen Feldern der ›twin transition‹ noch deutliche Potenziale zum Ausbau auf (siehe Bachtrögler-Unger et al. 2023). Dadurch könnten eventuell die zurzeit noch weniger entwickelten Regionen sich stärker in die Lieferketten der stärker entwickelten einbringen als dies derzeit der Fall ist. In diese Richtung könnten etwa die Smart Specialisation Strategien stärker ausgerichtet werden.

Und schließlich kann die EU die Kohäsionspolitik auch realistisch als das weiterbetreiben, was sie offenbar bisher schon vorwiegend war: Nämlich als Politik zur Kompensation bestehender und auch immer wieder stärker oder schwächer werdender regionaler Unterschiede mit dem Ziel, diese nicht legitimationsgefährdend groß werden zu lassen und eine ›Mindestgleichheit‹ unter den europäischen Regionen anzustreben.

Referenzen

Bachtrögler-Unger, J. et al (2023): Technological capabilities and the twin transitions in Europe. Bertelsmann Stiftung.

Hüther, M. (2019): Wie weit trägt das Versprechen auf Konvergenz? List Forum 45/2019, S.65–95.

Pinhero, F. et al. (2022): The dark side of the geography of Innovation: relatedness, complexity and regional inequality in Europe. In: Regional Studies.

Rigby, D. et al. (2022): Do EU regions benefit from Smart Specialization principles? In: Regional Studies 56:12, 2058–2073.

Europas Regionen. Zukunft gestalten.

Es sind die Regionen, die die Vielfalt und Stärke Europas ausmachen und zugleich eine gemeinsame Plattform für Zusammenarbeit und Entwicklung bieten. Von der Stärkung der regionalen Identität und Ressourcen und der damit verbundenen Förderung regionaler Initiativen und Netzwerke profitieren auch Wissenschaft und Forschung. Ohne Zweifel spielen Wissenschafts- und Forschungseinrichtungen eine zentrale Rolle und sind gemeinsam mit Unternehmen ein wichtiger Impulsgeber für technologischen Fortschritt und wirtschaftliches Wachstum. Bestes Beispiel für die Bedeutung regionaler Stärke und Potenziale für die Entwicklung und Förderung von Exzellenz und Innovation im Bereich Wissenschaft und Forschung ist die Steiermark. Sie sticht in Europa als besonders dynamische und innovative Region hervor. Eine Studie des Instituts für Wirtschafts- und Standortentwicklung über die volkswirtschaftlichen Effekte der steirischen Hochschulen gelangt zum Ergebnis, dass der Hochschulsektor in der Steiermark nicht nur bildungs- und gesellschaftspolitisch von höchster Relevanz für den Standort ist, sondern mittlerweile auch ein unverzichtbarer Baustein des ökonomischen Innovationssystems des Landes ist. Ein wichtiger Erfolgsfaktor ist auch die besonders gute Kooperationskultur zwischen Wissenschaft und Wirtschaft.

Unser Ziel muss es sein, dass basierend auf der Förderung von Forschung, Bildung und Innovation die steirische Wissenschafts- und Forschungslandschaft auch künftig nicht nur innerhalb Österreichs, sondern auch darüber hinaus eine beispielgebende Erfolgsgeschichte ist.

Beatrix Karl

III. Wieder entdeckt:
Sicherheit und Verteidigung

Nikolaus Rottenberger
Sicherheitspolitische Betrachtung von Regionen

Im Schatten geopolitischer Spannungen und globaler Unsicherheiten steht Europa vor der dringenden Notwendigkeit, seine Sicherheitsarchitektur für das 21. Jahrhundert zu überdenken und anzupassen. In diesem Zusammenhang gewinnt die Rolle der Regionen Europas zunehmende Aufmerksamkeit, da sie nicht nur lokale Dynamiken und Sicherheitsbedrohungen reflektieren, sondern auch maßgeblich dazu beitragen, die Gesamtsicherheit des Kontinents zu formen und zu stärken. Die Berücksichtigung eines regionales Sicherheitsverständnis gewinnt dabei an Bedeutung, wie sie etwa in der Theorie der regionalen Sicherheitskomplexe nach Buzan und Wæver angedacht wird.[1] Darunter wird der Zusammenhang von geographisch nahen Akteuren verstanden, deren Sicherheitsprobleme so eng miteinander verwoben sind, dass sie nicht voneinander getrennt betrachtet oder gelöst werden können. Buzan und Wæver führen dazu aus: «*National security (…) is not in itself a meaningful level of analysis. Because security dynamics are inherently relational, no nation's security is self-contained.*»[2] Dabei gilt es zwischen einem rein nationalen Ansatz und einem holistisch/globalen Verständnis ei-

---

[1] Barry Buzan, Ole Wæver, »»*Regions and Powers, The Structure of International Security*«, (Cambridge University Press, 2003), 43.
[2] Ibid. ,43.

nen Mittelweg zu finden. Denn genau die regionale Ebene ist der Ort, an dem die Extremen der nationalen sowie der globalen Sicherheit aufeinandertreffen, und daher ist ein Verständnis der regionalen Sicherheitsdynamiken für ein Gesamtbild unerlässlich.[3]

Um den Frieden und die Sicherheit in Europa langfristig zu sichern, sind Kooperationen über die eigenen nationalen Grenzen hinaus unerlässlich. Als beispielhaftes Erfolgsmodell ist hier die Europäische Union (EU) zu nennen. Dieser Beitrag zielt darauf ab, die bestehenden Chancen und aktuellen Herausforderungen der europäischen Regionen zu analysieren sowie einen Ausblick darauf zu geben, wie diese Regionen die Zukunft Europas mitgestalten. Exemplarisch werden daher regionale Sicherheitskomplexe aus dem Norden, Osten und Südosten Europas angerissen.

Als erstes wird Nordeuropa betrachtet. Mit NORDEFCO (Nordic Defence Corporation) besteht seit 2009 eine Verteidigungskooperation zwischen den Ländern Dänemark, Finnland, Island, Norwegen und Schweden. NORDEFCO kann jedoch auf eine längere Tradition der informellen Kooperation aufgrund ähnlicher Sicherheitsinteressen in der Region zurückblicken.[4] Während der Fokus auf der Stärkung der Verteidigungsfähigkeit und Sicherheit der beteiligten Länder liegt, geht es aber gerade auch um eine Steigerung der Effizienz durch Kooperation und gemeinsamer Ressourcennutzung.[5] Diese Kooperation leistet dadurch

---

[3] Ibid.
[4] NORDEFCO, »*Memorandum of Understanding*« (https://www.nordefco.org/Files/nordefco-mou.pdf, Zugriffsdatum: 22.02.2024).
[5] NORDEFCO, »*About NORDEFCO*« (https://www.nordefco.org/the-basics-about-nordefco, Zugriffsdatum: 22.02.2024).

einen wesentlichen Beitrag zur regionalen Stabilität und Sicherheit der Ostseeregion.

Eine aktuelle Entwicklung stellt jedenfalls die NATO-Erweiterung durch Finnland und Schweden dar. Dadurch gewinnt die transatlantische Zusammenarbeit an Bedeutung und regionale Kooperationen wie NORDEFCO definieren sich neu. Die Aufnahme aller NORDEFCO-Länder in die NATO ergibt die verbesserte Möglichkeit engster Zusammenarbeit in Bereich der Verteidigung.[6] So kann NORDEFCO als wichtiger regionaler Partner der NATO einen entscheidenden Beitrag zur Sicherheit und Stabilität in Europa leisten. In Anbetracht dieser Herausforderungen gilt es sich auf die Bereiche zu konzentrieren, welche nicht umfassend von der NATO abgedeckt werden können. Hier sind neben der Stärkung von Zusammenarbeit und Solidarität unter den nordischen Ländern auch Bereiche angesprochen, in denen eine regionale Herangehensweise effektiver ist.

Eine weitere Region, das Baltikum, bestehend aus Estland, Lettland und Litauen, bildet einen entscheidenden Faktor für die Sicherheitslage in Europa. Die geografische Nähe zu Russland und Belarus stellt eine maßgebliche Herausforderung für das Baltikum dar.[7] Cyberangriffe, Desinformationskampagnen sowie die politische Einflussnahme

---

[6] Otto Tabuns, »*The Vilnius NATO Summit Brings Opportunities for Closer Nordic-Baltic Integration*« (https://policycommons.net/artifacts/4825708/the-vilnius-nato-summit-brings-opportunities-for-closer-nordic-baltic-integration/5662436/) [Zugriffsdatum: 22.02.2024].

[7] Mary Hampton, Donald Hancock, »»*The Baltic Security Puzzle: Regional Patterns of Democratization, Integration, and Authoritarianism*« (Rowman & Littlefield, 2020), 1ff.

durch Russland stellen aktuelle Bedrohungen dar. Ein entscheidender Faktor für die Stärkung der Stabilität und Sicherheit in dieser Region stellt die Mitgliedschaft in der EU und der NATO dar. Genau diese Mitgliedschaften führen im Moment für das Baltikum aber auch zu wachsenden Unsicherheiten, da unterschiedliche Ansichten vertreten werden, inwieweit Europa selbst ein stärkerer Sicherheitsakteur und damit ein unabhängiger Partner der USA werden soll. Dies könnte in einem *Worst-Case*-Szenario dazu führen, dass die transatlantischen Sicherheitsgarantien nachlassen. Vor diesem Hintergrund sind gerade regionale Kooperationen, z. B. unter Einbindung Polens wiederum eine Möglichkeit, sich an diese wachsenden Unsicherheiten anzupassen.[8]

Weitere Regionen, wie Ost- und Südosteuropa, stehen vor Herausforderungen, die sich teils direkt auf die Stabilität Gesamteuropas auswirken können. Historische Differenzen, ethnische Konflikte und anhaltende politische Instabilität führen dazu, dass die Region sich zu einem Krisenherd entwickelt hat, in welchem unterschiedliche geopolitische Interessen diverser Akteure eine entscheidende Rolle spielen. Dies ist insbesondere am Westbalkan zu beobachten, wo die Nachwirkungen des Zusammenbruchs des ehemaligen Jugoslawiens und die Frage nach der europäischen Integration langanhaltende Herausforderungen darstellen. Wiewohl es auch Fortschritte in Richtung Demokratisierung, Wirtschaftsreformen und EU-Integration in einigen Ländern der Region gibt, die zur Stärkung der politischen und wirtschaftlichen Stabilität beigetragen.

---

[8] Kristi Raik, »Sicherheitspolitische Dilemmata der baltischen Staaten« *SIRIUS – Zeitschrift für Strategische Analysen* 4, Nr. 2 (2020): 190–191.

Diesen bestehenden Herausforderungen, aber auch dem Potenzial der Region Südosteuropa widmet sich allen voran die *Central European Defence Cooperation* (CEDC), als mitteleuropäisches Format, an dem sich Österreich, Kroatien, Tschechien, Ungarn, Slowakei und Slowenien beteiligen und Polen Beobachterstatus hat. Die CEDC befasst sich mit Sicherheits- und Verteidigungsfragen. Im Bewusstsein, dass regionale Sicherheit untrennbar mit der Sicherheit der Nachbarregionen verbunden ist, konzentriert sich diese Initiative insbesondere auf die Zusammenarbeit mit den Partnern auf dem Westbalkan, um deren Widerstandsfähigkeit zu stärken, die regionale Zusammenarbeit zu fördern und somit den Weg zu einer gemeinsamen strategischen Verteidigungs- und Sicherheitskultur zu ebnen.[9]
Auch Osteuropa gestaltet sich als eine essenzielle Region für Europa, und insbesondere für die EU. Seit dem Zusammenbruch der Sowjetunion ist vor allen die Ukraine als Transitkorridor für die EU, sowie aufgrund ihres Zugangs zur Küste des Schwarzen Meeres von strategischer Bedeutung. Die Ukraine bildet geografisch eine Pufferzone zwischen Russland und der EU und ist aktuell Schauplatz eines Konfliktes, der an längst vergessen gehoffte Kriege erinnert. Sich konterkarierende geopolitische Interessen diverser Akteure wie der USA, der EU und Russland, sowie der Umstand, dass die Ukraine ein Identitätsproblem für Russland darstellt und als integraler Bestandteil der Föderation gesehen wird, führte schlussendlich zum Ausbruch eines neuen Krieges auf europäischem Boden.[10] Diese un-

---

[9] CEDC, »*About Us*«, »*CEDC + Western Balkans*« (https://cedc.info/about-us/cedc-western-balkans/) [Zugriffsdatum: 27.02.2024].
[10] Burak Sarikaya, »»*Evaluation of The Ukrainian Crisis Within The Context of Regional Security Complex Theory*«, Afro Eurasian Studies Journal 6, no 1&2 (2017): 33–53.

terschiedlichen Wahrnehmungen und die momentan unüberwindbar scheinende Einstellung in Konflikt stehender Interessen, stehen einer friedlichen regionalen und somit wachstumsfördernden Kooperation bis auf Weiteres im Weg.

Doch auch im Zentral-Osteuropäischen Raum konnten bereits durch regionale Kooperation Fortschritte im Ausbau einer nachhaltigen Nachbarschaftspolitik erreicht werden. Als Beispiel einer solchen bereits erfolgreichen regionalen Initiative kann die Visegrád-Gruppe hervorgehoben werden. Mit der Absicht gemeinsame Probleme kooperativ zu lösen, haben sich nach 1991 die Tschechoslowakei[11], Ungarn und Polen mit dem erklärten Ziel der EU-Mitgliedschaft zusammengetan und diese 2004 auch erreichen können. Diese Initiative einer europäischen Region spiegelt Bemühungen wider, die zum Aufbau einer europäischen Sicherheitsarchitektur beigetragen und die wirtschaftliche und politische Stabilität gestärkt haben.[12]

Zusammenfassend kann ein überregionaler Ansatz, wie in der EU, zweifellos von entscheidender Bedeutung sein, da er die Koordination und Zusammenarbeit zwischen verschiedenen Ländern und Regionen ermöglicht. Jedoch haben bestimmte Belange und Herausforderungen auf regionaler Ebene oft eine größere Relevanz und können effektiver angegangen werden. Aus diesem Grund kann ein *bottom-up*-Ansatz, der die Bedürfnisse und Möglichkeiten

---

[11] 1993 löste sich die Tschechoslowakei auf und Tschechien und die Slowakei wurden gegründet.
[12] Visegrad Group, »*About the Visegrad Group*« (https://www.visegradgroup.eu/about, Zugriffsdatum: 27.02.2024).

auf lokaler Ebene berücksichtigt, zuweilen sogar effektiver sein als ein rein *top-down*-orientierter Ansatz.

In Anbetracht dieser Erkenntnisse ist festzustellen, dass eine optimale Zusammenarbeit und Entwicklung Europas eine tiefgreifende Verflechtung von regionaler und überregionaler Zusammenarbeit erfordert. Eine ganzheitliche Herangehensweise, die die Stärken und Ressourcen jeder Region nutzt und gleichzeitig auf überregionaler Ebene koordiniert, ist demnach am besten geeignet den Herausforderungen des 21. Jahrhunderts zu begegnen.

Michael Hüther

Europa mit konkretem Mehrwert: Investitionsunion und Verteidigungsunion[1]

I. Geostrategische Herausforderungen

In dem neuen Spannungsfeld der *Global Power Competition* – dem Systemwettbewerb mit den Vereinigten Staaten um ökonomische Ressourcen und Wettbewerbsfähigkeit einerseits sowie dem Systemkonflikt mit China um politischen Einfluss und Sicherheit andererseits – muss die Europäische Union versuchen, ihre strategische Autonomie und ihre Souveränität durch eine aktivere Handels- und Wirtschaftspolitik zu stärken. Sie muss eine gemeinsame Antwort zur Erhaltung und Stärkung ihrer Wettbewerbsfähigkeit finden und diese in ihren Politiken verankern.
Dies erfordert zugleich konkrete Strategien für die äußere Sicherheit Europas. Der russische Angriffskrieg gegen die Ukraine hat die Schwachstelle der gemeinsamen Verteidigungsfähigkeit offengelegt. Die USA haben sich noch einmal als europäische Nation positioniert, weil es ihrem Sicherheitsverständnis entspricht, in Europa keine Ungleichgewichte zuzulassen.

II. Fortschritt durch subsidiäre Zweckverbände funktioneller Integration

Immer wieder wird in herausfordernden Zeiten wie diesen die Einheit Europas beschworen und daraus die Not-

---

[1] Der Beitrag beruht auf dem umfassenden Papier: Hüther, Michael / Gerards Iglesias, Simon / Fremerey, Melinda / Parthie, Sandra, 2023, Europa muss den nächsten Schritt wagen: Delors-Plan 2.0. Eine neue Version für Europa, IW-Policy Paper, Nr. 4, Köln / Berlin / Brüssel.

wendigkeit einer allgemeinen sowie umfassenden politischen Vertiefung abgeleitet. Schon der erste Präsident der EWG-Kommission, Walter Hallstein, zielte auf den Europäischen Bundesstaat. Das hat Gegenpositionen mit einem höheren Grad eines historisch geprägten Realismus und eines politisch verorteten Pragmatismus mobilisiert, wie der »*Zweckverband funktioneller Integration*« (Hans Peter Ipsen). Die spätere Ausformung dieses Konzepts – weniger als Abwehr gegen überzogene Bundesstaatsideen, mehr als Gestaltungsrahmung im Sinne der europavertraglichen Beauftragung – eröffnet thematisch zwar begrenzt, aber wirkungstechnisch tiefgehend Handlungsspielräume für die europäische Ebene.

Alle Europarhetorik steht in krassem Gegensatz zur praktischen Politik und der Erwartungshaltung der Menschen. Eine Annäherung an den Europäischen Bundesstaat ist in den vergangenen Jahren nicht realistischer geworden. Der »Zweckverband funktioneller Integration« kann aus dieser Aporie hinausführen, indem er für ein klar umrissenes Thema einen angemessenen europäischen Handlungsauftrag konstituiert. Das schließt eine beachtliche Vertiefung nicht aus und kann Politikfelder adressieren, die über die ursprüngliche Begriffskonzeption hinausgehen.

Ipsen spricht von dem grundlegenden »Vorgang funktioneller Entflechtung«, der einer Beauftragung der transnationalen Ebene vorausgeht. Aufgrund der durch das Europäische Parlament gewonnenen demokratischen Legitimation kann dieses Verständnis auf breitere Politikfelder – wie die Bereitstellung europäischer Infrastrukturnetze oder die Sicherstellung europäischer Verteidigung – übertragen werden. Die damit dominante vertikale Perspektive auf ein Politikfeld über das Mehrebenensystem der Europäischen Union hinweg lässt es – zumal beruhend auf einer funktionellen Entflechtung – leichter und wirksamer zu, den Grundsatz der Subsidiarität zu beachten.

III. Die EU als Investitionsunion und als Verteidigungsunion

Inhaltlich kann es bei dem *Integrationsprogramm für unsere Epoche* um die europäische Gestaltung und Gewährleistung der europaweiten öffentlichen Güter Sicherheit, Energieversorgung und Infrastruktur gehen. In allen drei Fällen entstehen wegen der Kostendegression und der Netzwerkeffekte europäische Leistungsvolumen, die nur gemeinsam effizient und effektiv – und damit nachhaltig finanzierbar – zu erbringen sind.

Bei einer dafür bedeutsamen *Investitionsunion* geht es um die Integration und Fokussierung grenzüberschreitender Großinvestitionen angelehnt an IPCEI (Important Project of Common European Interest), aber auch um die Bündelung der europäischen Verhandlungsmacht auf dem Weltmarkt. Die Investitionsunion umfasst dabei sowohl den Ausbau von Transport- und Kommunikationsinfrastruktur, die Ertüchtigung und Verbesserung des staatlich-europäischen Kapitalstocks, also des infrastrukturellen Rückgrats einer modernen Volkswirtschaft, als auch die gemeinsame Beschaffung von Rohstoffen, die Verbesserung der Zugänge zu Ressourcen in Drittstaaten.

Bei einer *Verteidigungsunion* geht es darum, die militärischen Strukturen zu vereinheitlichen, die Aufwendungen in die Verteidigungs- und Selbstbehauptungsfähigkeiten der EU zu bündeln und die Beschaffung – weit über PESCO hinausgehend – auf klar definierte, aber wenige Waffensysteme zu konzentrieren. Die Herausforderungen liegen hier auf der Hand, allein die Interessen der Rüstungsbranche sind ein beachtliches Hindernis. Doch es gilt der Primat der Politik, der hier nur europäisch sinnvoll zu formulieren und umzusetzen ist. Die Verteidigungsunion vollendet, was am Beginn der Integrationsgeschichte vor über 70 Jahren stand, nämlich Frieden auf dem europäischen Kontinent. Diese beiden Zweckverbände funktioneller Integration greifen tief in das Mehrebenensystem ein, ohne allerdings bundesstaatliche Visionen zu bedienen und damit Überforderungen der nationalstaatlichen Diskurse zu begründen. Die Nutzenerwartung für die Bürger ist gut begründet, denn es geht um europaweite öffentliche Güter, so dass die hier gebotene Vertiefung mit dem Subsidiaritätsprinzip konsistent ist. Aber es geht auch darum, dass auf dem Weg dahin sehr konkrete Umsetzungsschritte erforderlich sind. Dazu gehören EU-intern Bürokratieabbau und eine effizientere Fördermittelstruktur. Sie machen den Weg frei, Ressourcen anderweitig einzusetzen und damit eine Verbesserung der europäischen Standortbedingungen zu bewirken. Die großen Aufgaben, vor denen die EU steht, könnten gemeistert werden, wenn Fördermittelvergaben stärker auf die strategische Resilienz der europäischen Wirtschaften fokussiert würden – von kritischen Komponenten bis hin zur Lieferkettenunterstützung. All diese Herausforderungen und Gestaltungsaufgaben erhielten durch die beiden Zweckverbände einen gut vermittelbaren politischen Rahmen.

IV. Notwendige Finanzierungen

Die beiden neuen Zweckverbände – die Verteidigungsunion und die Investitionsunion – erfordern sachlich angemessene und rechtlich klar definierte Finanzierungsquellen. Die Finanzierung der äußeren Sicherheit und Verteidigung ist aus dem jeweiligen Bruttoinlandsprodukt der Union zu leisten, was allerdings gemäß Artikel 41, Abs. 2 EU-V nicht über EU-Haushaltsmittel zu finanzieren ist, sondern – wie bei der Europäischen Friedensfazilität vom Rechnungshof bestätigt – über eine eigene Lösung erreicht werden muss wie eine spezielle, im Verwendungszweck gebundene Abgabe der Bürgerinnen und Bürger. Da sich mit der Europäisierung der Verteidigung die nationalen Ausgabenverpflichtungen verringern, entsteht ausreichend Spielraum für Steuersenkungen in den EZU-Mitgliedstaaten. Die europäische Verteidigung würde für die EU-Bürger greifbar. Die verstärkte Bündelung des ökonomischen Gewichts der Mitgliedstaaten der EU könnte zukünftig ebenfalls ein vielversprechendes Konzept sein. Die Stärke des europäischen Binnenmarkts verleiht den Mitgliedstaaten bei internationalen Verhandlungen eine sehr gute Verhandlungsposition unter der Federführung der EU. Dieses Konzept muss wirksamer genutzt und ausgeweitet werden in Bereichen, in denen eine Regelung auf europäischer Ebene einen Mehrwert bringt. Regulierung und Kompetenz auf EU-Ebene können Zusatznutzen zum Beispiel bei einer gemeinsamen Sicherheitsstrategie oder beim gemeinsamen öffentlichen Beschaffungswesen generieren. Auch wenn es bisher keine grundsätzliche staatliche Aufgabe war, gilt als positives Beispiel europäischer Zusammenarbeit bei der öffentlichen Auftragsvergabe die Anschaffung von Masken während der Coronapandemie, als Negativbeispiel die bisherige Koordinierung im Erdgas-Einkauf.

Der Wahlspruch der Europäischen Union »in Vielfalt geeint« sollte ein Wegweiser für eine europäische Strategie sein. Nationale Regierungen hat es bislang jedoch bei der Energiepolitik, den Rohstoffstrategien und der Verteidigung an einem europäischen strategischen Blick gemangelt. Nimmt man das europäische Leitmotiv ernst, so sollte die Europäische Union den groben Rahmen vorgeben, aber den Ländern müssen unterschiedliche Bewertungen und Umsetzungen zugestanden werden. Dies bedeutet, Technologieoffenheit beispielsweise in der Debatte um die Klimafreundlichkeit von Atomkraft, zuzulassen. Wenn Deutschland sich für einen Weg ohne Atomkraft entscheidet und damit freiwillig auf eine Technologie verzichtet, darf diese Entscheidung nicht anderen EU-Mitgliedsländern aufgezwungen werden.

Denkbar wäre die Verstetigung des *Next-Generation-EU Fonds* für Sicherheit und Resilienz. Dieser war als außerordentliche Ausnahme konzipiert worden, worauf auch das Bundesverfassungsgericht in seinem Urteil vom Dezember 2022 hingewiesen hat. Wenn NGEU verstetigt würde, müsste dies klar von einer Transfer- und Haftungsunion abgegrenzt werden. Das kann mit Blick auf die eindeutig europäischen Aufgaben der Investitionsunion (unionsweite externe Effekte) und den Gestaltungsrahmen des »Zweckverbandes funktioneller Integration« gesichert werden; das Risiko, dass »die Autonomie des mitgliedstaatlichen Haushaltsrechts als zentraler Ausdruck des Demokratiegrundsatzes« in Frage gestellt wird, sollte so wirksam gebannt werden.

V. Ausblick auf ein stärkeres Europa

Die geopolitischen Konflikte stellen die EU vor gewaltige Herausforderungen, in der die Europäer gut daran tun, nicht auf Konfrontation und Abschottung zu setzen oder in einen Subventionswettlauf mit den USA oder China einzusteigen, den sie aufgrund ihrer am Ende kleineren Größe und politischen Heterogenität verlieren würden. Es geht darum, über eine Investitionsunion und konzertiertes Vorgehen den Standort Europa wieder wettbewerbsfähig zu machen, ihn von bürokratischen Fesseln zu befreien und gleichzeitig den Weg einer weiteren politischen Einigung in der Verteidigungs-, Energie- und Wirtschaftspolitik zu beschreiten. Im Systemwettbewerb und in der *Global Power Competition* muss Europa den »europäischen Weg« gehen, um sich als führende geopolitische und wirtschaftliche Macht gegenüber China und den USA behaupten zu können.

Multilaterale Bündnisse, technologische Fortschritte und das Fallen (harter) Grenzen haben Europa eng zusammenwachsen lassen. Das ist gut so, denn um erfolgreich zu sein, braucht es das Miteinander aller Kräfte. Gleichzeitig darf nicht vergessen werden, dass jede Region ihre eigenen Vorzüge und Bedürfnisse hat. In der Steiermärkischen Sparkasse sind wir davon überzeugt, dass es beides braucht: ein geeintes, starkes Europa und selbstbewusste Regionen, die dessen Einigkeit und Stärke erst möglich machen. Die Steiermark, ihre Menschen und Unternehmen zu fördern, ist uns in der Steiermärkischen Sparkasse in die Gründungsurkunde geschrieben. Seit den 1990er-Jahren kommen wir diesem Gründungsgedanken auch in Südosteuropa nach. Gemeinsam mit der Erste Group Bank AG und unseren sechs Tochterbanken stehen wir Menschen auch dort als verlässliche Partnerin zur Seite. Wir stärken die finanzielle Gesundheit, indem wir zu einer selbstbestimmten Teilnahme am Finanzleben ermutigen, sind Sparringspartnerin für lokale KMU und knüpfen Beziehungen zur steirischen Wirtschaft. Zudem treten wir klar für einen EU-Beitritt der südosteuropäischen Länder ein, weil wir davon überzeugt sind, dass sowohl diese Region als auch wir in der Steiermark enorm davon profitieren würden. Dazu kommt: Die Bande, die seit Jahrzehnten bestehen, auch auf dem EU-Vertragspapier zu stärken, gäbe Europa die notwendige Chance, wieder zu einem starken Player in der (Welt-)Wirtschaft zu werden.

Oliver Kröpfl

Thomas Mayer
Europa in größerer Dimension denken

Das Jahr 2024 ist europapolitisch keine Hochzeit für Regionen, für Städte und Gemeinden. 2025 wird es wahrscheinlich nicht viel besser. Der Krieg verändert vieles. Ein großer Krieg wie der, den Russland seit mehr als zwei Jahren gegen die Ukraine führt, stellt beinahe alles infrage. Es geht ums Ganze.

Das gilt zuerst im angegriffenen Land selbst. Es gibt bisher hunderttausende Tote und Verletzte, Millionen Flüchtlinge. Die Wirtschaft liegt am Boden. Weil ausreichend Waffen und Soldaten fehlen, geriet die ukrainische Armee zuletzt in die Defensive. Von breiten erfolgreichen Rückeroberungen russisch besetzter Gebiete im Osten und Süden des Landes, auf die Optimisten im vergangenen Jahr gehofft hatten, kann keine Rede sein. Die Ukraine und ihre Gesellschaft würden ohne Hilfe des Westens relativ rasch zusammenbrechen.

Die Europäische Union ist davon zunächst indirekt massiv betroffen. Sie leistet mit den Mitgliedstaaten Finanz- und Waffenhilfe, die Schwelle von hundert Milliarden Euro wird demnächst überschritten. Schon heute müssen sich EU-Staaten um rund fünf Millionen Flüchtlinge aus der Ukraine kümmern. Energiekrise, Handelshemmnisse belasten Wirtschaft und Konsumenten.

Unsere Sicherheit ist existenziell herausgefordert

Das Regime des russischen Präsidenten Wladimir Putin ist auch längst dazu übergegangen, die Gesellschaften in den 27 EU-Staaten »weich« anzugreifen. Im Netz tobt ein Cyberkrieg. Via soziale Medien werden mit zehntausenden Bots Kriegspropaganda des Kremls und Fake News vorangetrieben, Angst vor Nuklearwaffen und gar einem Dritten Weltkrieg geschürt. Glaubt man führenden Politikern in den baltischen Ländern oder in Polen, die aus Sowjetzeiten viel Erfahrung mit psychologischer Kriegsführung haben, ist das eine der gefährlichsten Waffen gegen die offene Gesellschaft: Lähmung durch Angst, Polarisierung, Populismus und Radikalisierung.

Plötzlich scheint durch russische Bedrohung nicht mehr ungefährdet, was uns im bisher friedlich-gemütlichen Teil Europas seit Jahrzehnten selbstverständlich erschien: Freiheit, Demokratie, Rechtsstaat, der Wohlstand in einem vernetzten Binnenmarkt, soziale Sicherheit, sollte der Konflikt weitern eskalieren. Russland hat auf Kriegswirtschaft umgestellt. Wofür? Der deutsche Verteidigungsminister Boris Pistorius schließt einen militärischen Konflikt mit Moskau in den nächsten fünf Jahren nicht aus. Er spricht sich dafür aus, die Armeen der europäischen Partner aufzurüsten, besser aufeinander abzustimmen, sie »kriegsfähig« zu machen«. Das sind sie offenkundig derzeit nicht. Umso heftiger tobt in vielen Ländern der Streit um angebliche »Kriegstreiberei«. Gefahr droht dem gemeinsamen Europa der Staaten also nicht nur militärisch, sondern auch von innen – sozusagen mitten unter uns. Es gibt viele Nachweise, dass Putin extrem rechte und auch linke Parteien und

Personen in Europa fördert und instrumentalisiert, um den Zusammenhalt des gemeinsamen Europas zu schwächen, zu polarisieren, die Menschen und die Staaten auseinanderzutreiben.

Unsere Demokratie, die pluralistische offene Gesellschaft, ist herausgefordert

Oder, um es mit den Worten der dänischen Premierministerin Mette Frederiksen bei einem Parteikongress der Sozialdemokraten in Rom zu sagen: »Der Krieg hat die Realitäten in Europa grundlegend verschoben.« Russland habe nicht nur die internationale Ordnung angegriffen. Putin suche Instabilität in die weite Welt zu tragen, in den Nahen Osten, nach Afrika, in die Ukraine. Und nun eben nach Europa. Der Kreml tut das nicht zuletzt, um die transatlantische Partnerschaft mit den USA bröckeln zu lassen, wo im November 2024 ein neuer Präsident gewählt wird. Auch von dort droht Europa also Gefahr. Das ist der nüchterne, nicht gerade erbauliche Befund, dem sich die Europäerinnen und Europäer stellen müssen. 2024 ist noch dazu ein Europawahljahr. Da gibt es in den 27 EU-Mitgliedsländern Wahlkampf. Das Parlament in Straßburg und auch die Europäische Kommission in Brüssel werden neu konstituiert. Eine Zeit der weltanschaulichen Konfrontationen, der institutionellen und exekutiven Schwäche.

Nicht ganz zu Unrecht könnte man daher die Frage stellen, dass die Gemeinschaft im Moment ganz andere Sorgen hat als zu überlegen, ob die Regionen, die Städte und Gemeinden in dieser Lage eine wichtigere Rolle für die Zukunft Europas spielen sollen, können und wollen als bisher. Die

Antwort ist – mit Einschränkungen – Ja. Gerade weil die Europäische Union vielleicht vor einem epochalen Umbruch steht, könnte regionale Verankerung umso wichtiger werden. Aber sie kann sich nicht mehr darauf beschränken, Regionalpolitik vor allem als Verteilungsmechanismus zu sehen, indem EU-Gelder in Gebiete gelenkt werden, um wirtschaftliche Prosperität zu fördern. Der Rest ergebe sich dann von alleine. Vielmehr braucht es neue Wege, um die demokratische Prosperität zu stärken, das Vertrauen der Bürgerinnen und Bürger in ihre europäische Gemeinschaft, die liberale Demokratie, den Rechtsstaat, die Grundrechte. Das war immer das eigentliche Ziel, der Sinn des ganzen Unternehmens, seit der Unterzeichnung der Römischen Verträge 1957.

Der Schock des ersten Angriffskrieges seit 1945, auch das offene Infragestellen europäischer Werte durch rechtsradikale Parteien, die fast überall im Aufwind sind, legen das nahe. Die Städte und Gemeinden, die Regionen und ihre kleinräumig angelegten Partnerschaften – durchlässiger als die zwischen Staaten – sind dafür geradezu prädestiniert. Man sagt den Bürgermeistern und Landräten nicht umsonst nach, dass sie viel »näher an den Menschen dran sind« als die Vertreter der hohen und höchsten politischen Ebenen. Die Entwicklung der Regionen, deren wirtschaftliche Aufholprozesse im Zuge der Erweiterung der Union dürften angesichts der teuren Herausforderungen durch Klimawandel und Digitalisierung ohnehin weiter an Priorität verlieren. Sie haben in der Praxis und anteilsmäßig im EU-Budget neben der Agrarpolitik seit Jahrzehnten eine zentrale Stelle eingenommen. Diese Politik der Förderung von Regionen, die sich nicht an nationalstaatlichen

Grenzen, sondern an historischen, kulturellen oder grenzüberschreitenden Wirtschaftsräumen orientiert, oder an ländlichen und städtischen Eigenheiten, hat in der Integrationsgeschichte große Verdienste. So wie es richtig war und ist, das alte Prinzip der Subsidiarität zu pflegen. Entscheidungen auf den unteren, den kommunalen und regionalen Ebenen, sollten nur dann nach oben an den Staat oder an die höchsten EU-Ebenen delegiert werden, wenn sich Probleme so besser lösen lassen. In Österreich war das Burgenland das wohl auffälligste Beispiel dafür, wie aus einer benachteiligten, armen Grenzregion zu Ungarn am Eisernen Vorhang innerhalb von zwei, drei Jahrzehnten durch die Effekte der EU-Beitritte beider Grenzländer (1995 und 2004) relativ prosperierende Regionen und Komitate wurden.

Das offenkundig viel dringlichere Problem besteht im Moment aber doch darin, dass die Regierungen der Nationalstaaten und die gemeinschaftlichen Institutionen größte Mühe haben, im Krieg die Einigkeit als Union zu wahren, die komplexen Probleme unserer Krisenzeit zu lösen; dafür das nötige Geld aufzutreiben. Wir reden von hunderten Milliarden Euro zusätzlich, die in den kommenden Jahren aufgebracht werden müssen. Bei dieser Aufgabe kann man sich nicht im Kleinklein verlieren. Das gemeinsame Europa muss in größeren Dimensionen gedacht werden. Davon ist seit dem Scheitern des EU-Verfassungsvertrages vor bald zwanzig Jahren nur noch selten die Rede. Es geht um nicht weniger als die Perspektive, ob und welche Rolle die Europäische Union als starke Wirtschaftsgemeinschaft in Zukunft global überhaupt spielen kann. Die dänische Premierministerin Frederiksen gab dazu bei der bereits erwähnten Rede beim Kongress der europäischen Sozialdemokraten in Rom eine klare Antwort: »Wir brauchen eine stärkere Europäische Union, wir müssen alle Kräfte bündeln.« Anders seien die Herausforderungen und Bedrohungen in nächster Zeit nicht zu bewältigen, nicht nur im Bereich der inneren und äußeren Sicherheit, sondern auch beim Klimawandel, bei einer fundamentalen Transformation durch Digitalisierung und Ökologisierung.

Das klingt vordergründig wie die Forderung nach mehr Zentralisierung, nach »Power«, mehr Macht für Brüssel – und weniger Kompetenzen in den unteren Ebenen. Aber das muss keineswegs so sein, ganz im Gegenteil. Kräfte bündeln, das bedeutet im Idealfall, dass ALLE Kräfte so miteinander verzahnt werden, damit das gemeinsame Räderwerk besser funktioniert: Es erstreckt sich von der Kommissionspräsidentin bis zu den Bürgermeistern, von Europäischem Rat und EU-Parlament über die nationalen Regierungen, die Länder bis hinunter zu den Regionen, den Bezirken, Landkreisen und Gemeinden.

Vor drei Jahren wurde mit viel Trara eine »Konferenz zur Zukunft der Europäischen Union« gestartet. Ziel war es, eine größere Reform vorzubereiten, eventuell Anlauf zu nehmen zu neuen EU-Verträgen, die den Herausforderungen unserer Zeit gerecht werden. Anders als bei früheren Regierungskonferenzen wurden dabei Bürgerforen breit eingebunden und es sollte neu gedacht werden, wie man die gesamte Architektur der Union überarbeiten könnte, um nicht zuletzt effizienter und demokratischer zu werden. Aber das Vorhaben scheiterte. Die Konzepte landeten in Schubladen wie so viele andere Reformanstrengungen früher. Diesen Fehler hat die Union bereits vor 20 Jahren gemacht. Als sie binnen drei Jahren eine große Erweiterung um nicht weniger als zwölf Mitgliedstaaten vollzog, ohne vorher dafür zu sorgen, die organisatorischen und institutionellen Strukturen und Regeln anzupassen, war spätere Lähmung und Demokratieverdrossenheit quasi programmiert. 2004 sah man darüber noch großzügig hinweg. 2024 klagen viele Entscheidungsträger darüber, dass sie sich selbst ständig im Weg stehen. Und dass viele Bürgerinnen und Bürger Probleme haben, sich positiv mit »ihrer EU« zu identifizieren.

Das zu korrigieren, in Sachen Demokratie, Zusammenhalt über die Grenzen hinweg und gemeinschaftlichem Bewusstsein Fortschritte zu erzielen, das könnte eine der wichtigsten Aufgaben der Regionen, der Städte und Kommunen für die nächste Zeit sein. Man sagt nicht umsonst, dass es die Bürgermeister und die Kommunalpolitiker sind, die den Bürgern am nächsten stehen, die politisch lebensnah im Alltag wirken können. Das wäre ein wunderbares Programm: Nicht Geldverteilen aus Regionaltöpfen des EU-Budgets, sondern »Demokratie verteilen« über die regionalpolitischen Ebenen, jenseits der nationalen Befindlichkeiten sozusagen. Vielleicht sollte es sogar das Ziel sein, an einer Art »Europäischem Patriotismus« zu arbeiten.

IV. Zwischen Tradition und Moderne: Der Wandel der Lebenswelten

Ernst Sittinger

Last der Geschichte, Lust der Gestaltung
Freiheit, Demokratie, Vielfalt: Diese Kraftfelder machen Europa besonders komplex.
Zugleich halten sie den Kontinent beweglich.
So bleibt er fit für die wachsende Systemkonkurrenz.

Europa ist, wie alle Verwaltungseinheiten dieser Erde, ein historisch gewachsenes Gebilde. Seine politische Verfasstheit wurde nicht am Reißbrett entworfen, sondern sie ist uns passiert. Man kann sagen: Wir sind in diese Struktur schrittweise hineingestolpert, ohne großen Plan, ohne »intelligent design«. Die im Leserkreis hoffentlich anwesenden Katholiken mögen mir diesen ketzerischen Ansatz verzeihen. Insofern spiegelt unser Kontinent nicht nur – wie alles Menschengemachte und Menschenerdachte – die Unvollkommenheit unserer Existenz. Sondern er trägt, mehr als andere Weltgegenden, die Last seiner Geschichte.

Diese Geschichte ist reichhaltig und widersprüchlich. Sie reicht weit zurück, wenn man auch sagen muss, dass die »Alte Welt« weder die Wiege der Menschheit war noch der Ursprung von Kultur und Zivilisation. Immerhin errang Europa im Rahmen seiner rasanten technischen und sozio-kulturellen Entwicklung seit dem Mittelalter zunehmend eine global tonangebende Stellung, was in der politischen Handelsmarke »Erste Welt« seinen Ausdruck fand.

Die ist inzwischen bekanntlich verblasst. Praktisch wirkte sich diese Führungsrolle vor allem in Form von Kolonialismus aus. Die Unterwerfung »unterentwickelter« Erdteile war einst ein gottgewollter Auftrag, später zumindest noch Ausdruck von Forscherdrang und (ökonomischem) Fortschrittsoptimismus. Heute bleibt von dieser beklemmenden Epoche im Rückblick bloß eine unbewältigte Erbsünde und die Wurzel vieler aktueller Konflikte übrig. Diese Konflikte werden uns vermutlich noch länger den Schlaf rauben.

Scham und Erschütterung

Vor diesem Hintergrund beherrscht die Attitüde von Scham, Schuld und Wiedergutmachung zunehmend die ethisch-kulturelle Selbstwahrnehmung Europas. Wir taumeln vom einem Extrem ins andere: Das einst grotesk übersteigerte europäische Selbstbewusstsein, das lange zur Rechtfertigung grausamer Auswärtsverbrechen herangezogen wurde, kippt heute verschiedentlich ins Gegenteil. Diese Erschütterung geht einher mit einem multiplen Niedergang in unterschiedlichen Sektoren. Europa wird ökonomisch, technologisch, bevölkerungs- und machtpolitisch und teils sogar kulturell von anderen geopolitischen Krafträumen überholt. Das ist in manchen Zusammenhängen objektiv belegbar, in anderen vielleicht nur eine sich verdichtende Projektion, die von sich selbsterfüllenden Prophezeiungen realisiert zu werden droht. Das mögen im Detail Fachleute beurteilen. Unbestreitbar ist aber, dass inzwischen nicht mehr nur das sorgsam manikürte und garagengepflegte Selbstbild unserer sozioökonomischen Verfasstheit und unserer gelernten Kultur bröckelt. Unsere ganze Lebensweise steht auf dem Prüfstand. Um jenes Europa in die Zukunft zu führen, das plötzlich global so umfassend im Gegenwind steht, brauchen wir eine Inventur nicht nur der historischen Lasten und des geschehenen Unrechts, sondern auch all des Guten und Schönen, dessen sich unser Erdteil rühmen kann.

Freiheit als Fundament

Was also steht auf der Habenseite? Was macht aktuell (noch) die besonderen Vorzüge europäischer Lebensart aus? Da darf man an erster Stelle die politischen Freiheitsgarantien nennen. Sie sind aktuell wichtiger denn je. Aus ihnen leiten sich viele andere Vorzüge ab: wirtschaftliche Leistungsfähigkeit, Massenwohlstand, soziale Stabilität, kulturelle Strahlkraft. Die abendländische Freiheitsidee ist das geistige Fundament des Hauses Europa. Dieses Fundament ist nach wie vor intakt und tragfähig, auch wenn das politische Organisationsmodell »Demokratie« weltweit unter Druck gerät und quantitativ sowie qualitativ auf dem Rückzug ist. Immer weniger Menschen auf dem Erdball dürfen in demokratischen Verhältnissen leben. Trotzdem ist unbestreitbar (und geradezu notorisch), dass das Pauschalangebot »freies Leben nach westlicher Art« in der individuellen Wunschwelt außereuropäischer Menschen nach wie vor weit oben steht. Das zeigt die Evidenz der Abstimmung mit den Füßen: Vor allem aus Afrika, aber auch aus Asien machen sich Hunderttausende auf den (Flucht-)Weg nach Europa. Weil eben unser Kontinent ihr Sehnsuchtsort ist. Für unsere Freiheit und unseren Wohlstand sind sie bereit, Gesetze zu übertreten und ihr Leben aufs Spiel zu setzen.

Europa ist attraktiv

Sosehr Europa unter dem Migrationsdruck leidet und so hilflos seine Politik dieser Herausforderung entgegentritt, so sehr steht doch fest: Die Anziehungskraft, die sich hier manifestiert, ist ein Trumpf im geistig-kulturellen (und auch im politisch-ökonomischen) Wettstreit der Systeme. Wir sollten beginnen, uns diesen Doppelcharakter der Migration bewusst vor Augen zu führen. Und darüber nachzudenken, wie wir den positiven Aspekt nutzbar machen. Das ist ausdrücklich nicht im Sinn einer Verharmlosung oder romantischen Verklärung jener Probleme gemeint, die uns aus dem Wanderungsdruck erwachsen. Europa ist jedenfalls, zu seinem Freud- und Leidwesen, für das globale Publikum attraktiv. Zugleich stellt sich die Frage, ob die lange Friedens- und Wohlstandsperiode auf unserem Kontinent womöglich gerade ihrem Ende entgegengeht. Das war einst undenkbar, ist aber mittlerweile in den Bereich des Möglichen gerückt. Der Krieg in der Ukraine, die erweiterten Drohungen Russlands etwa gegen das Baltikum, aber auch das ewige Pulverfass Nahost erlauben keine allzu frommen Prognosen. Es drängt sich der Gedanke auf, dass die Neuvermessung und Selbstvergewisserung Europas (und präziser: seiner politischen Union) nicht mehr nur auf wirtschaftlichem und kulturellem Gebiet stattfinden muss, sondern auch im Feld des Militärischen. Wie wehrhaft sind wir? Wie lässt sich die offenbar alternativlose (ist das so?) Teilnahme am neuen Bedrohungs- und Rüstungswettlauf mit der Ethik der Gewaltlosigkeit vereinbaren? Zumal sich diese Ethik in den allermeisten EU-Bürgern habituell verfestigt hat und von ihnen als zivilisatorischer Standard hochgehalten wird. Wie passt das zusammen? Darauf hat niemand Antworten. Die Diskussion aber ist unerlässlich, sofern nicht Zukunft und Zufall zu einem Wort verschmelzen sollen.

Ende der Bevormundung

Als Synthese lässt sich festhalten, dass Europa zwar als Idee relativ unversehrt ist, aber als Struktur und Funktion viel besser werden muss, um im anschwellenden Gegenwind langfristig zu bestehen. Seine Regionen können viel dazu beitragen. Sie müssen einerseits »loslassen«, indem sie bei manchen Themen bereit dazu sind, Macht nach oben abzugeben. Im Gegenzug müssen sie verhindern, dass Brüssel seinen bisher gezeigten Bevormundungs-Tanz in kleinsten Alltagsfragen weiterführt. Detailverliebte Kasuistik zu Themen wie Maronencreme, Gelee oder Kokosnussmilch (siehe die berühmten »Frühstücksrichtlinien«) hat in EU-Normen nichts zu suchen. Auch die Frage, ob das Milchpackerl einen fest verbunden Drehverschluss hat, weist gewiss nicht den Weg in die gemeinsame kontinentale Zukunft.

Oft entsteht der Eindruck, dass der einschlägige Aktivismus zwischen Glühbirne und Gurkenkrümmung eine Überkompensation darstellt – als Ersatzhandlung für den Schmerz, dass in den globalen Fragen von Krieg und Frieden, Klima und Artenvielfalt, Industrie und Ressourcen, Recht und Gerechtigkeit kaum etwas bewegt werden kann. Das wäre verständlich, aber gefährlich. Die papierene Welt aus Formeln und Formularen entfernt sich immer mehr von der Alltagswirklichkeit der Bürger. Die erwarten sich von Brüssel nämlich nicht Belästigung, sondern Erleichterung. Mit schwer verständlicher und kaum vermittelbarer Regelungswut schafft man fruchtbares Ackerland für Populisten (was aber nicht als Bodenschutz verbucht werden kann). Im Spannungsfeld zwischen Region und Union wird Europa auch künftig verharren. Das erfordert viel Energie nach innen. Die Balance aller Ebenen und aller Erwartungen muss ständig neu austariert werden. Diese tägliche Quadratur des Kreises kann aber auch produktiv wirksam werden, weil und wenn Europa im Vergleich zu den autokratischen Konkurrenten beweglicher und innovativer bleibt. Am Ende gilt für die Strukturen der großen Politik dasselbe wie für Biologie oder Biografie: Solange wir neugierig bleiben, solange wir uns neu erfinden können, solange wir selbstbewusst statt selbstzufrieden sind, müssen wir uns um die Zukunft keine Sorgen machen.

An einer renommierten europäischen Kunstuniversität Musik zu studieren, bedeutet europäische Kunstmusik auf hohem Niveau gelehrt zu bekommen, eine Tatsache, die übrigens auch viele außereuropäische Studierende anzieht. Ist es also egal, wo man studiert? Was unterscheidet die Kunstuniversität Graz (KUG) – übrigens einer der größten ihrer Art in Europa – von der Sibelius-Akademie in Helsinki, dem Royal College of Music in Dublin oder der Escola Superior de Música de Catalunya in Barcelona? Der Fächerkanon ist es nicht, sondern es ist die Entscheidung der KUG für ein spezielles Profil und ihre Einbettung in die Region Steiermark. Im Dezember 2023 wurde mit dem Entwicklungsplan 2025–2030 eine innovative Strategie von allen obersten Organen der Universität verabschiedet, die das bestehende Profil weiter schärft. Traditionelle Schwerpunkte wie zeitgenössische Kunst, Interdisziplinarität, Kammermusik und Forschung verbinden sich darin mit innovativen Ansätzen in der Lehre, Artistic Citizenship und Genreoffenheit.

Der Entwicklungsplan hält auch eine tiefe Überzeugung der Angehörigen der KUG fest: »Die gleichzeitige Auseinandersetzung mit kulturellem Erbe und aktuellem Kunstschaffen steigert die Qualität künstlerischen Gestaltens.« Daraus entsteht eine Form der Internationalität mit regionaler Ausprägung, die die KUG besonders und unverwechselbar macht. Anselm Hüttenbrenner trifft auf Balkanjazz, in Kooperation mit dem Land Steiermark produzierte Opern werden durch internationale Studierenden im steirischen herbst/musikprotokoll uraufgeführt, die Bibliothek erschließt historische Komponist*innen der Region wie auch den Vorlass von Olga Neuwirth, und das Opernpucherl in Zusammenarbeit mit der Oper Graz saust mit dem »Berggeist vom Schöckl« durch mehr als ein Dutzend Aufführungsorte quer durchs Land.

So leistet die KUG in ihrer Funktion als Kulturinstitution und Forschungsstätte einen Beitrag zu Reflexion und Weiterentwicklung der regionalen Identität ihres Kulturraumes. Dafür erschließt sie – künstlerisch, pädagogisch und wissenschaftlich – historisches und zeitgenössisches regionales künstlerisches Schaffen für eine – auch überregionale – künstlerisch interessierte Öffentlichkeit und bringt internationale künstlerische Entwicklungen, Methoden und Werke in das regionale Kulturleben ein. Damit will sie zum besseren Verständnis zwischen verschiedenen Regionen, Ländern und Kulturen beitragen und dadurch einen weiter reichenden gesellschaftspolitischen Auftrag in der Gestaltung von Zukunft erfüllen. Es ist also nicht egal, wo man studiert. Höchste, international konkurrenzfähige Qualität verbunden mit einer regionalen Verwurzelung und einem klaren Profil machen die KUG für Studierende und Lehrende aus dem In- und Ausland attraktiv und unverwechselbar.

Georg Schulz

Rainer Münz

Leben in den Alpen

Am Ende des Mittelalters lebten im Alpenraum rund drei Millionen Menschen, um 1900 waren es etwa acht Millionen, heute sind es über 14 Millionen. Damit sind die Alpen trotz ihrer Geographie eine relativ dicht besiedelte Region – ganz im Unterschied zu allen anderen Gebirgszügen Europas. Denn dort leben immer weniger Menschen.

Der Bevölkerungszuwachs vom Mittelalter bis in die Gegenwart zeigt: die Alpen boten und bieten vielen Menschen eine ausreichende Existenzgrundlage. Bis Mitte des 20. Jahrhunderts war mehr als die Hälfte der Alpenbewohner in der Landwirtschaft tätig. Tierzucht und Milchwirtschaft prägten über Jahrhunderte das Leben der Bergbauern. Daneben gab es in den Alpen eine bis in die Bronze-Zeit zurückreichende Tradition des Bergbaus. Dieser verhalf in der Vergangenheit einigen Regionen zu erheblichem Wohlstand. Exemplarisch dafür stehen der Salzbergbau in Hallstatt und in anderen Teilen des Salzkammerguts, aber auch die imposante gotische Kathedrale in Heiligenblut, deren Errichtung der Abbau des Tauerngolds finanzierte. Der steirische Erzberg »ernährte« über Jahrhunderte eine ganze Region und ermöglichte zugleich das Entstehen der österreichischen Eisen- und Stahlindustrie. Städte wie Hall/Tirol und Kitzbühel wurden durch den Abbau von Silber reich.

Eine andere sehr einträgliche Quelle regelmäßiger Einnahmen bot der Alpentransit. Wer ihn kontrollierte, konnte

Maut und Zölle auf alle aus den Alpen exportierte Güter – wie Salz, Eisen und Hartkäse – erheben; aber auch auf Luxusgüter und Gewürze, die aus dem Orient und Italien quer über die Alpen in den Norden und Westen Europas transportiert wurden. Mit Dienstleistungen für Händler, Pilger und andere Reisende ließ sich ebenfalls Geld verdienen. Dadurch wurden unwirtliche Pässe im Hochgebirge zu strategischen Assets. Wer die Zugänge sowohl von Süden als auch von Norden kontrollierte, musste die Einnahmen mit niemandem teilen. Deshalb gab es über Jahrhunderte gleich mehrere europäische Kleinstaaten, für die der Alpenhauptkamm nicht die Staatsgrenze, sondern zumindest geographisch das Zentrum ihres Herrschaftsgebiets bildete. Der größte dieser Staaten war Piemont-Savoyen, das vom Genfersee über den Mont Blanc bis an die Ligurischen Alpen und bis Nizza reichte. Damit lagen der Kleine St.-Bernhard, der Mont Cenis-Pass und der Col di Tenda auf savoyischem Staatsgebiet. Im benachbarten Oberwallis reichte der Einflussbereich der 13 verbündeten Gemeinden vom Lötschberg und vom Furka-Pass bis an die Südflanke des Simplon. Die Innerschweizer Kantone Uri Schwyz und Unterwalden eroberten ein größeres Gebiet südlich der Alpen – das heutige Tessin – als Untertanen-Land und wurden damit Herren auf beiden Seiten des Gotthard, der als wichtigster Übergang der Westalpen gilt. Die drei Gemeindebünde, aus denen später Graubünden entstand, sicherten sich die vollständige Kontrolle gleich über ein halbes Dutzend prominenter Alpenpässe: San Bernardino, Julier, Albula, Maloja, Bernina und Fuorn/Ofenpass. Weiter östlich konsolidierten die Grafen von Tirol und später die Habsburger ein Herrschaftsgebiet, das von Kufstein bis Salurn (und schließlich bis kurz vor Verona) reichte. Nicht zufällig stand der Brenner im Zentrum des Landes Tirol. Die Erzbischöfe von Salzburg mussten sich mit dem weniger wichtigen Tauernpass begnügen, aber auch sie kontrollierten beide Seiten dieses Alpenübergangs.

An den schmucken Handels- und Residenzstädten von Chambéry und Grenoble über Sion, Brig und Chur bis Trient, Bozen, Innsbruck und Salzburg lässt sich ablesen, wieviel Wohlstand der Export von Produkten aus den Alpen und der Fernhandel über die Alpenpässe in die Bergregion brachten. Gegen das ökonomische Kalkül und die lokalen wirtschaftlichen Interessen setzte sich im 19. und 20. Jahrhunderts eine militärische und geopolitische Logik durch. Die Staatsgrenzen wurden auf die Passhöhen verschoben. Savoyen und Nizza gingen 1860 an Frankreich. Piemont wurde ohne die Landesteile jenseits des Alpenhauptkamms zum Motor der nationalen Einigung Italiens, das schließlich 1918/19 bis zum Brenner und an die Karnischen Alpen expandierte. Nur in der Schweiz hat sich die historisch einst so einträgliche Herrschaft über jeweils beide Seiten der Alpenpässe erhalten. Seit dem späten 18. Jahrhundert änderte sich das Image der Alpen. Gipfel und Schluchten erschienen nicht mehr in erster Linie als beschwerlich, bedrohlich oder verflucht und vom Teufel bewohnt, sondern wurden zu Sehnsuchtsorten von Adel und städtischem Bürgertum – nicht zuletzt der wohlhabenden Engländer. Deutlich zeigte sich dies im Wettlauf um Erstbesteigungen von Alpengipfeln.

Der Montblanc, lange Zeit von den Einheimischen nur als »Montagne Maudite« (»Verfluchter Berg«) bezeichnet, wurde 1786 erstmals erklommen, nachdem der berühmte

Genfer Naturforscher Horace-Bénédict de Saussure schon 1760 eine Belohnung dafür ausgelobt hatte. 1790 bestieg de Saussure dann selbst den höchsten Berg Europas. Erstbesteiger des Großglockners im Jahr 1800 war Graf Franz Xaver von Salm-Reifferscheidt, damals Bischof der Diözese Gurk. Das Wettrennen ums Matterhorn entschied der Londoner Buchillustrator Edward Whymper für sich. Dass beim Abstieg sechs seiner Mitbesteiger, darunter der Priester Charles Hudson sowie Lord Francis Douglas in den Tod stürzten, war Gesprächsthema in halb Europa. Queen Victoria forderte sogar, englischen Adeligen zukünftig das Besteigen solcher Gipfel zu verbieten. Damit war das Interesse endgültig geweckt. Eine wachsende Zahl wohlhabender Menschen wollte im Sommer in die Berge. Zu ihrer Beherbergung entstanden luxuriöse Hotels: vom Panhans am Semmering über das Grand Hôtel de l'Europe in Gastein bis zum Waldhaus in Sils und zum Palace Hotel in Gstaad. Manche, wie das bereits 1853 eröffnete Riffelhaus unterhalb des Gornergrats, waren anfangs nur zu Fuß oder mit dem Maulesel zu erreichen.

Ab der zweiten Hälfte des 19. Jahrhunderts wurden die Alpen zunehmend durch Eisenbahnlinien erschlossen. Diese folgten vielfach den historischen Handelsrouten. Ein Teil der einst gefürchteten Alpenpässe wurde dabei untertunnelt; darunter: Arlberg, Gotthard, Lötschberg, Simplon und Mont-Cenis. Nur über dem Tauerntunnel von Böckstein nach Mallnitz und dem Karawankentunnel nach Jesenice gab es davor bloß Säumerpfade. Hinzu kamen Bergbahnen, die ausschließlich touristischen Zwecken dienten. Den Anfang machte die Rhätische Bahn, die seit 1889 mit dem ersten Streckenabschnitt nach Klosters eröffnet wurde. Seit 1891 ist Zermatt mit dem Zug erreichbar. Im Jahr darauf beförderte die Bahn bereits 38.000 Personen in das damals noch ziemlich kleine Bergdorf. 1893 eröffnete die Bahn auf den Schafberg. Seit 1898 erreicht man mit der Bahn den Gornergrat und seit 1912 auch das Jungfraujoch. Mit der Eisenbahn-Infrastruktur war eine erste Grundlage für den alpinen Massentourismus geschaffen. Im Laufe des 20. Jahrhunderts kamen Bergstraßen – zum Beispiel 1935 die Großglockner Hochalpenstraße zwischen Bruck-Fusch und Heiligenblut – hinzu, die eine individuelle Anreise mit dem eigenen Auto ermöglichten.

Der Tourismus veränderte die ökonomischen Verhältnisse in den Alpen. Bergbauern wurden haupt- oder nebenberuflich zu Bergführern, Kutschern oder Eisenbahnern. Sie vermieteten Privatzimmer, wurden Gastwirte und Hoteliers. Anfangs ging es dabei nur um die Sommersaison. Viele Bergbahnen verkehrten bloß von Mai bis Oktober. Auf etlichen Pass-Straßen gab (und gibt) es zum Teil bis heute eine Wintersperre. Eine Zeitlang stand der Sommertourismus in einer gewissen Konkurrenz zur alpinen Landwirtschaft, weil beides gleichzeitig die Arbeitskraft der Einheimischen erforderte.

Im 19. und frühen 20. Jahrhundert reisten Adel und Bürgertum im Winter gerne ans Meer: zum Beispiel an die Côte d'Azur, an die italienische Riviera, nach Venedig oder nach Abbazia (heute Opatija). Doch im Laufe des 20. Jahrhunderts gewann der Wintersport an Bedeutung. Damit verlagerte sich das Reisegeschehen immer mehr in die Alpen. Skigebiete wurden zu den wichtigsten Tourismus-Destinationen. Viele alpine Regionen machten schließlich im Winter mehr Umsatz als im Sommer, sobald sie die Umstellung auf den Zwei-Saisonen-Betrieb geschafft hatten. An anderen Orten entstanden rein auf Winterbetrieb ausgerichtete Skigebiete und Hoteldörfer aus der Retorte, ohne dass es an dem Ort davor eine historisch gewachsene Siedlung gegeben hätte. La Plagne und Les Arcs in den Savoyer Alpen sind dafür klassische Beispiele. Aber auch Zürs ist eigentlich nur eine Ansammlung von Hotels, die im Sommer leer stehen.

Mit dem Ausbau von Urlaubsorten zu Wintersport-Destinationen endet auch die Idee, beim Urlaub in den Alpen der »unberührten Natur« zu begegnen. Erfolgreiche Tourismus-Orte werben stattdessen ganz offen mit Pistenkilometern, Ski-Schaukeln zwischen mehreren Skigebieten, ganz modernen Seilbahnen und Liften, die eine große Zahl von Personen rasch in größere Höhen befördern. Aber sie werben diskret auch mit Schneesicherheit durch künstliche Beschneiung. Und auf den großen Transitachsen quer über die Alpen sowie in dichter besiedelten Alpentälern kann von »Natur« ohnedies keine Rede mehr sein. Hier dominieren in der Regel Straßen und Autobahnen, Schienenstränge und Hochspannungsleitungen. Siedlungen verschmelzen zu Bandstädten. Und der Alpentransit – längst von Luxusgütern auf Waren aller Art ausgedehnt – ist heute zwar ein zentraler Bestandteil der ökonomischen Integration Europas. Aber er wird von den Einheimischen längst nicht mehr als Chance, sondern bloß als Belastung wahrgenommen.

Im Lauf des 20. Jahrhunderts schrumpft die Zahl der Menschen, die sich in den Alpen selbst versorgten oder mit dem Verkauf von Getreide, Fleisch, Milch, Käse, Obst und Wein ihren Lebensunterhalt verdienen. Einst war es die große Mehrheit. Heute gibt es immer weniger Bäuerinnen und Bauern, die – gestützt auf Subventionen der EU und der jeweiligen Nationalstaaten – in den Alpen Ackerbau und Viehzucht betreiben. Wo die Tourismus-Industrie boomt, lässt sich auf andere Weise leichter und schneller Geld verdienen. Und wo viele Menschen ihre Freizeit verbringen wollen, können Einheimische mit Grundstücksverkäufen rasch reich werden. Die wenigen verbleibenden Bäuerinnen und Bauern sind in Tourismus-Regionen weniger als Landwirte, sondern als Landschaftsgärtner gefragt. Denn die Almwirtschaft verhindert, dass Bergwiesen mit Büschen und Bäumen zuwachsen. Aus ökologischer Sicht wäre das zwar kein Problem, aber es würde das vertraute Bild jener Landschaft verändern, welches die Touristen beim nächsten Besuch gerne wiedererkennen.

Wo es hingegen wenig oder keinen Tourismus gibt, schrumpft die Bevölkerung, weil Landwirtschaft und Viehzucht in alpinen Regionen kaum noch eine Rolle spielen und alternative Arbeitsplätze vor Ort nicht existieren. Schrumpfende Einwohnerzahlen gibt es in etlichen alpinen Gemeinden Savoyens und des Piemont, der Innerschweiz, Graubündens und der nordöstlichen Lombardei. Einen Bevölkerungsrückgang gibt es auch im gesamten Norden Friauls, im Westen Sloweniens, in ganz Osttirol, im Lungau sowie in weiten Teilen Kärntens und der Steiermark. An vielen Orten ist dieser Prozess irreversibel. Denn mit der Bevölkerung verschwindet auch die Infrastruktur: Schulen, Gesundheitseinrichtungen, Nahversorger. Das macht es selbst für digitale Nomaden mühsam, sich an solchen

Orten gegen den Trend anzusiedeln. Wo es an zahlenden Nutzern mangelt, gibt es weder schnelles noch langsames Internet. Ganz andere Probleme haben boomende Alpenregionen. Solche Orte leben zwar von den Touristen, manche werden aber zugleich von ihnen überrannt. Hallstatt ist dafür ein klassisches Beispiel. Aber dies gilt im Sommer genauso für die Innenstadt von Salzburg, in kleinerer Dimension auch für die Seiseralm oder für den Hörnligrat aufs Matterhorn. Meist wird Wohnraum knapp und Bauland teuer, sobald kaufkräftige Stadtbewohner an attraktiven Orten ihren Zweitwohnsitz errichten oder dort ganzjährig hinziehen wollen. Viele junge Einheimische können sich in dieser Konkurrenzsituation keine eigene Wohnung leisten oder kein Haus bauen. Auch wenn Einheimische lieber kurzfristig an Touristen statt langfristig an Menschen aus der eigenen Region vermieten, bewirkt dies eine Verknappung des Wohnraums. Das bedeutet: junge Leute müssen unter Umständen aus ihrem touristisch besonders attraktiven Heimatdorf wegziehen. Gelegentlich formiert sich dagegen Widerstand von politischer Seite. Manche Gemeinden versuchen, die Nutzung von Wohnraum als Zweitwohnsitz zu verbieten. Andere verlangen, dass neu errichtete Wohnungen einen Teil des Jahres zur Vermietung an Touristen offenstehen müssen, wenn dort niemand seinen Hauptwohnsitz hat. Dennoch gibt es in vielen attraktiven Tourismus-Destinationen außerhalb der Saison viele leerstehende Häuser und Wohnungen. Eine allfällige Leerstands-Abgabe schreckt die wohlhabenden Besitzerinnen und Besitzer aus der Stadt in der Regel nicht.

In den kommenden Jahren werden sowohl der Klimawandel als auch die demografische Entwicklung den Alpenraum erneut verändern. Wenn es wärmer wird, liegt in tieferen Lagen kaum noch Schnee. Mehrere Skigebiete wurden bereits geschlossen. Andere werden folgen. Wieviele Jahre das Eislaufen am Kärntner Weißensee es noch möglich sein wird, ist unklar. 2024 endete die Saison am Eis sieben Wochen vor dem üblichen Termin. Zugleich verändern zunehmende Hitze und Trockenheit die Wahl der Reiseziele im Sommer. Hotels und Privatquartiere in den Alpen verzeichnen zunehmende Nächtigungszahlen im Juli und im August. Orte, die bisher vom Wintertourismus lebten, werden nun häufiger auch eine gute Sommersaison haben. Das bedeutet mehr ganzjährige Arbeitsplätze und damit auch eine größere dauerhaft anwesende Wohnbevölkerung. Dies bedeutet wiederum mehr Nachfrage nach Wohnraum sowie den Bedarf an zusätzlichen Plätzen in Kindergärten und Schulen.

Höhere Temperaturen bedeuten allerdings auch weniger Permafrost und damit eine wachsende Gefahr von Bergstürzen. Dadurch werden manche Alpentäler einen Teil ihres Siedlungsraums verlieren. Und Bergregionen ohne Tourismus werden weiter an Bevölkerung verlieren. Doch für den Rest des Alpenraums ist Bevölkerungswachstum angesagt. Der zu erwartende Zuzug wird diesen Teil Europas in Zukunft noch diverser machen.

Helmut Wiedenhofer
Region – ein bestens vertrauter Begriff?

Region war für mich am Anfang des Schreibens dieses Artikels ein ganz klar definierter Begriff. In den vergangenen Jahrzehnten habe ich durch Dienstreisen und private Reisen mit meiner Frau Ulrike, aber auch durch das Leben meiner Kinder Julia und Karl in Deutschland und der Schweiz sehr viele Eindrücke unterschiedlicher Regionen dieser Erde bekommen. Aber, um einen passenden Artikel zu verfassen, habe ich mich zur Erweiterung meines Blicks zur Recherche entschlossen und machte mich an die Arbeit.

Nach sehr vielen Stunden des Durchforstens des Internet und vieler Homepages hatte ich für das Schreiben des Artikels zwar noch immer keinen konkreten Lösungsansatz aber immerhin habe ich einen Eindruck über die Komplexität des Begriffs beziehungsweise seiner unterschiedlichen Verwendung bekommen. Und ja, natürlich habe ich für meine Recherche auch Wikipedia benutzt. Da diese Einträge die Komplexität des Begriffs ausgezeichnet beleuchten, sei es mir erlaubt, diese an dieser Stelle auszugsweise zu zitieren:

Region bezeichnet demnach in der Geographie und der Raumordnung ein anhand bestimmter Merkmale abgegrenztes Teilgebiet der Erdoberfläche. Eine Abgrenzung erfolgt üblicherweise nach Kriterien regionsinterner (z. B. landschaftlicher oder kultureller) Homogenität oder funktionaler Zusammengehörigkeit, welche jedoch nicht immer räumlich präzise vorgenommen werden kann. In der Geologie findet sich eine Einteilung u. a. in geologi-

sche Provinzen, Schilde, Kontinentalplatten und -Schilde, Bergländer, Becken und die kontinentale Erdkruste. Daneben finden sich zahlreiche andere Regionalisierungen des tektonischen, geophysikalischen und petrologischen Aufbaus der Erdkruste, etwa durch physikalisch-geologische Exploration des Untergrunds oder die Untersuchung von Störungszonen oder gesteinskundlichen Aufschlüssen an der Erdoberfläche.

Besonders interessant ist der Blick der Humanwissenschaft auf den Regionsbegriff. In den Humanwissenschaften gibt es eine historisch gewachsene Kontinuität von Regionsbezeichnungen. Sie dienen als grobe geographische Markierung zur Rekonstruktion bedeutsamer Phasen der Menschheitsgeschichte. So haben sich etwa zur Erforschung der neolithischen Revolution Begriffe wie Levante und Fruchtbarer Halbmond etabliert. Regionen können auch durch soziokulturell gewachsene Bindung wie Sprachen, Dialekte oder eine regionale Küche definiert sein (Kulturgeographie). Die Regionalgeschichte weist auf den konstruierten Charakter von Regionen hin und betont damit auch die Prozesshaftigkeit und das Veränderungspotential, das bei allen Raumbildungen vorhanden ist. Viele Regionen sind nicht natürlich vorgegeben, sondern wandelbar und wurden durch menschliche Vorstellungen und Handlungen erschaffen. Ökologische, ökonomische und soziale Perspektiven führen zu ergänzenden Fragestellungen und bilden das gesamte Bedeutungsspektrum der Region ab. So ist aus ökologischer Sicht der langfristige Einfluss unserer kulturellen Schaffensprozesse auf Landschaft und Naturraum interessant, um nachhaltige Bewirtschaftungsformen entwickeln und bewahren zu können (Bodenbearbeitung, Wasserwirtschaft, Siedlungsbau …). Wirtschaftshistorisch *wird nach Struktur und Umfang alter Währungs- und Handelssysteme gefragt (Geldwesen, Handelswege, Prosperität …), und Soziologen suchen Hinweise auf politische Strukturen und sozialem Habitus alter Ethnien (politische Ordnung, Sprache, Kleidung, Zusammenleben …).*

Die in Hinblick auf die Zusammenarbeit von Regionen wesentliche Aussage aller recherchierten Ausführungen ist für mich, dass Regionen vielfach nicht durch geografische Besonderheiten, quasi durch die Natur vorgegeben sind, sondern oftmals erst durch menschliche Vorstellungen und Handlungen definiert werden und dementsprechend in ihrer Ausgestaltung wandelbar sind.

Die Möglichkeit der Schaffung einer Region nach menschlichen Ideen und Vorstellungen führte in der Menschheitsgeschichte zu den Ideen von Reichen (u. a. Osmanisches Reich, Römisches Reich), Nationen und Staaten. Die Grenzen wurden dabei durchaus willkürlich, oftmals durch Berufung auf geschichtliche Ereignisse (und ihrer Interpretation), oder, wenn es ganz außer Streit gestellt werden sollte, als »gottgegeben« durch zumeist eine kleine Gruppe von Menschen festgelegt. Natürlich immer nur zum Wohle der Menschen oder besser gesagt zum Wohle und im Interesse bestimmter Gruppen. In der Vorstellung vieler »Regionsstifter« war die Region dann besiedelt durch eine homogene Bevölkerung, die eng verbunden war durch den Glauben an den einen Gott (oder einer Vielfalt von Göttern), durch eine gemeinsame Geschichte und vor allem gemeinsamen Zielsetzungen. Eine Zielsetzung konnte dabei durchaus die Unterwerfung der Nachbarn sein.

Unangenehm wurde es in den meisten Regionen immer wieder für die sogenannten Minderheiten, die nicht den Vorstellungen einer homogenen Bevölkerung entsprachen.

Diese Minderheiten wurden (und werden!), weil es den Herrschenden opportun erschien, herabgewürdigt. Ihnen wurde alles Verbrecherische und jede üble Eigenschaft zugesprochen. Dafür wurde diesen Minderheiten vieles abgesprochen: Das Recht auf Religionsausübung, das Recht auf die Verwendung ihrer eigenen Sprache und im Extremfall sogar das Recht auf ihr Leben. Dieses bizarre Spiel hat sich offensichtlich so gut bewährt, dass Despoten, Autokraten und Terrororganisationen wie die Hamas ihre wahnhaften Vorstellungen auch im 21. Jahrhundert umsetzen können, und dabei auch Unterstützung von außerhalb ihres Machtbereiches (auch aus der Europäischen Union!) bekommen.
Ein Blick in die Geschichte Europas zeigt, dass das Verhältnis der europäischen Regionen zueinander alles andere als konfliktfrei war. Die europäische Geschichte der letzten 2.000 Jahre ist geprägt durch Konflikte und kriegerische Auseinandersetzungen. Es bedurfte zweier Weltkriege und der Weitsicht vieler großer Frauen und Männer, dass sich in Europa der Wille des Zusammenlebens in einem geeinten Europa durchgesetzt hat. Der Glaube an ein geeintes Europa, eine demokratische Europäische Union, welche aus hunderten Regionen besteht, die sich durch die Lebensweise ihrer Bevölkerung, durch die Sprachen, Religionen, Sitten und Bräuche ebenso unterscheiden wie durch ihre Geschichte und ihr Klima. Auch nach Jahrzehnten ist der Prozess des Zusammenwachsens und der wechselseitigen Akzeptanz noch nicht beendet. Ganz im Gegenteil.
Es gibt politische Gruppierungen innerhalb und außerhalb der Europäischen Union, die diese friedliche und auf die Schaffung von Wohlstand ausgerichtete »Union der Regionen« schwächen und im Extremfall (siehe Putin) zerstören wollen. Den inneren und äußeren Feinden der Europäi-

schen Union ist die Umsetzung von Demokratie ein Dorn im Auge. Beispiele des demokratischen Zusammenlebens in Europa wie beispielsweise der Europäische Ausschuss der Regionen (AdR), in dem sich gewählte lokale und regionale MandatsträgerInnen aus rund 300 europäischen Regionen mit rund 441 Millionen BürgerInnen, austauschen, bzw. ihre Arbeit wird schlecht geredet. Dass die Europäische Kommission, der Rat der EU und das Europäische Parlament den AdR anhören müssen, wenn sie Rechtsvorschriften in Bereichen formulieren, die lokale und regionale Gebietskörperschaften betreffen, wird von den Feinden der Europäischen Union bewusst ignoriert.

Ja, dieses Zusammenleben ist schwierig, die Abstimmungsprozesse in der Europäischen Union und ihren Organen sind langwierig und kräfteraubend, aber die Alternative ist ein System, dessen Tun man in demokratiefernen Ländern wie Russland sehr gut studieren kann. Der »natürliche« Tod des russischen Oppositionellen Alexei Anatoljewitsch Nawalny bei einem Spaziergang im Straflager ist bekannterweise nur die oberste Spitze eines Eisberges und der nunmehr zweijährige russische Krieg gegen die Ukraine und die Menschenverachtung der russischen Invasoren sollten uns allen Mahnung genug sein.

Doch trotz aller Anfeindungen gibt es noch sehr viele Menschen, die für die Ideale eines demokratischen Miteinanders über geistige und reale Grenzen hinweg einstehen und dies auch öffentlich bekunden. Ich darf dazu kurz über ein ganz persönliches Erlebnis im Februar dieses Jahres berichten. Der Rheinische Karneval ist eines der vielen Besonderheiten einer europäischen Region. Bekannt ist mir diese Art Karneval durch meinen Großvater, mit dem ich in meiner Jugend den Mainzer Karneval im ORF-Hauptabendprogramm verfolgte. Heuer durfte ich, in Erwartung von viel Klamauk und Musik, erstmals einer Karnevalssitzung im Mainzer Hinterland beiwohnen. Es war für mich mehr als überraschend, dass sich ein roter Faden durch die sechsstündige Veranstaltung gezogen hat: Der rote Faden war das klare Bekenntnis zu Europa, zur Demokratie und zum Zusammenleben in Vielfalt. Perfekt ergänzt durch das klare Ansprechen von Rahmenbedingungen und Normen sowie der Notwendigkeit des Willens an der Gestaltung einer guten Zukunft für die Region und für Deutschland mitzuarbeiten. Für Extremisten, Rassisten und Zerstörer wäre diese Karnevalssitzung eine sehr unangenehme Erfahrung gewesen. Veranstaltet wurde diese Sitzung vom Elsheimer Carneval Verein 1928 e. V., dessen Kampagnen seit Jahrzehnten durch die Menschen der Region getragen werden und in deren Herz ich an diesem Abend schauen durfte.

In diesem Sinne, lassen Sie uns gemeinsam am Bau einer demokratischen, selbstbewussten und lebenswerten demokratischen Europäischen Union, bestehend aus vielen Nationen und noch mehr Regionen weiterarbeiten und diese, unsere Heimat Europa, auch mit aller Kraft verteidigen.

Wer sind Europas Regionen?

Das heurige Motto des Pfingstdialogs zwingt zuallererst zu einer Frage: Was ist eine Region in Europa? Ist damit etwa unsere Steiermark gemeint oder das Vulkanland? Empfinden wir uns als Area Süd, weil in Kürze die Fertigstellung der Koralmbahn neue Dimensionen eröffnet? Wahrscheinlich ist jede Annäherung ein Stück weit richtig und auch nicht. Um zukunftspolitisch darauf antworten zu können, muss gemeinsam Region definiert werden. Dabei gilt es, neben geographischen Grenzen, Verwaltungsebenen oder soziodemographischen Daten auch die Fragen der kulturellen Verbundenheit oder des empfundenen Regionalgefühls einer Gruppe von Menschen, die sich als Region versteht, wahrzunehmen. Erst dann ist es möglich, adäquat darauf zu antworten und die Chance zu wahren, dass die »regionale« Kraft und Dynamik dazu beiträgt, die gesteckten Ziele zu erreichen. Grenzen verschieben sich immer wieder, in Europa schon seit langem nicht mehr durch kriegerische Auseinandersetzungen – der aktuelle Versuch Russlands durch die Besetzung der Krim und den Angriffskrieg gegen die Ukraine bildet eine traurige Ausnahme – sondern durch Weiterentwicklung der Technologie, durch Vergrößerung unseres Mobilitätsradius oder durch Diversifizierung der Gesellschaft. Umso drängender erscheint der Versuch einer Antwort auf die Frage, wer Europas Regionen sind und wie sie ihre Zukunft gestalten können und wollen.

Kristina Edlinger-Ploder

Johanna Pirker
Alle mitnehmen

Europa steht für Vielfalt – eine Vielfalt an Ländern, Sprachen, Kulturen, Wirtschaftssystemen und politischen Strukturen. Diese Vielfalt bietet selbstverständlich viele Chancen und stellt eine Stärke dar, die es zu bewahren und zu fördern gilt. Doch im Kontext der Globalisierung, verstärkt durch Digitalisierung, besteht die Herausforderung darin, dass wir alle Menschen und Regionen gleich und fair mitnehmen müssen.

In einem so vielfältigen Kontext ist es entscheidend, dass technologische Entwicklungen und Innovationen inklusiv gestaltet werden. Die Digitalisierung darf nicht zu einer Spaltung führen, sondern muss als Werkzeug dienen, um die Einheit in der Vielfalt zu stärken. Aktuell beobachten wir aber leider teilweise große Skepsis gegenüber Technologie (und Wissenschaft). Angst vor der Veränderung. Die Gesellschaft wird weiter gespalten.

Als Informatikerin begeistere ich mich für alle Aspekte der Digitalisierung und sehe ein enormes Potenzial, positive Veränderungen in verschiedenen Regionen und Gesellschaftsbereichen zu bewirken, gerade um Fairness und Inklusion zu fördern. Von der Künstlichen Intelligenz in der Medizin zur Früherkennung von Krankheiten wie Krebs bis hin zu neuen Chancen auf dem Arbeitsmarkt und der Möglichkeit, Bildung personalisiert und adaptiv zu gestalten – die Möglichkeiten sind endlos. Die Einführung virtueller Erfahrungen in unterschiedlichen Industrie- und Lebensbereichen, von neuen Formen der virtuellen Therapie bis hin zu adaptiven Remote-Lernumgebungen, um allen Zugang zu sonst teuren Lernerfahrungen zu ermöglichen oder digitalen Zwillingen zur Verbesserung von Fernwartung und Schulungen, eröffnet uns neue Horizonte. Durch sie können wir auch Regionen virtuell besuchen, die sonst unzugänglich waren, und ein ganz neues Verständnis für das Leben von Menschen entwickeln, die wir nicht kennen. Die Integration von spielerischen Elementen kann verschiedene Bereiche zugänglicher und ansprechender gestalten, was die Teilhabe und das Engagement der Menschen fördert. Viele dieser Technologien und Innovationen können genutzt werden, um bisher oft übersehene Menschen und auch Regionen zu inkludieren und Herausforderungen einzelner zu bewerkstelligen.

In unserer aktuellen Zeit erleben wir allerdings oft das Gegenteil der möglichen positiven Integration von Menschen unabhängig von Herkunft, Geschlecht, Alter oder Behinderung durch Technologie: eine Spaltung. Wir sehen, wie unsere Gesellschaft in unterschiedlichsten Bereichen gespalten wird, wobei auch der Zugang zu Digitalisierung und Technologie ein bedeutender Aspekt davon ist. Hier müssen wir vermehrt sicherstellen, dass wir alle abholen, die Digitalisierung gemeinsam mit allen gestalten, Sicherheiten geben, Ängste nehmen und vor allem die Möglichkeiten und Chancen für jeden Einzelnen aufzeigen und vor allem die Bildung ernst nehmen.

Das Gleiche gilt für die europäischen Regionen, wo traditionelle Grenzen weiterhin Bedeutung haben. Wir müssen sicherstellen, dass der digitale Wandel alle Menschen erreicht. Digitale Lösungen sollten so gestaltet werden, dass sie den spezifischen Bedürfnissen entsprechen und auch kulturell angepasst sind, um die verschiedenen Bedürfnisse und Kontexte der europäischen Bevölkerung widerzuspiegeln. Die Digitalisierung muss alle mitnehmen und hat sogar das große Potenzial, alle mitzunehmen. Die Vielschichtigkeit Europas umfasst sowohl kulturelle als auch sprachliche Unterschiede und betrifft auch den Zugang zu Technologien in ländlichen Regionen. Es geht darum, digitale Inklusion zu schaffen, die über reine Zugänglichkeit hinausgeht und die aktive Beteiligung aller Bevölkerungsgruppen unterstützt. Denn gerade durch die Vielfalt in den unterschiedlichen Bereichen und das Eingehen auf die spezifischen Probleme einzelner Regionen besteht die Chance, durch Digitalisierung Innovation durch Inklusion zu schaffen.

Ein Schlüsselbereich, in dem Europa durch Digitalisierung die Kluft verringern und Vorreiter sein kann, ist die Bildung. Möglichkeiten in den Bereichen KI und virtuelle Realität erlauben es, maßgeschneiderte, digitale Lernplattformen zu schaffen, die auf die Bedürfnisse und Sprachen der verschiedenen europäischen Regionen zugeschnitten sind. Dadurch können wir das lebenslange Lernen fördern, die kulturelle Vielfalt Europas bewahren und Möglichkeiten für virtuellen Austausch zwischen den Regionen schaffen. Und auch diese Bildung muss der Weg sein, Menschen über Technologie mitzunehmen und zu fördern, Ängste zu nehmen und zur Mitgestaltung anzuregen.

Ebenso kann in der Arbeitswelt durch die Nutzung digitaler Technologien eine größere Flexibilität und Zugänglichkeit geschaffen werden, was insbesondere für kleinere Regionen und ländliche Gebiete von Vorteil sein kann. Durch digitale Tools können die Grenzen zumindest virtuell überwunden werden. In der Medizin bietet die Digitalisierung das Potenzial, die Gesundheitsversorgung zu revolutionieren. Durch KI-gestützte Diagnostik-Tools, telemedizinische Dienste und personalisierte Medizin können wir eine effizientere und inklusivere Gesundheitsversorgung erreichen, die keinen Unterschied zwischen urbanen Zentren und entlegenen Regionen macht.

Zusammenfassend lässt sich sagen, dass die Digitalisierung in Europa ein einzigartiges Potenzial hat, die Vielfalt der Einheit zu stärken. Indem wir Technologien entwickeln, die inklusiv und auf die Bedürfnisse der verschiedenen Regionen zugeschnitten sind, können wir sicherstellen, dass die digitale Revolution allen zugutekommt. Es ist unsere Verantwortung, sicherzustellen, dass niemand auf diesem Weg zurückgelassen wird, und dabei die reiche Vielfalt Europas genau hier als Vorteil für inklusive und innovative Wege gesehen wird.

In einer Zeit, die von Unsicherheiten und zunehmenden sozialen sowie gesellschaftlichen Spannungen geprägt ist, ist es unser Anspruch mit Kunst und Kultur, Geschichtsvermittlung und objektiver ausgewogener Information eine verbindende Rolle für ALLE Menschen einzunehmen.

ORF III versammelt täglich mehr als 800.000 Zuseherinnen und Zuseher und ist mit mehr als 300 Neuproduktionen und Live-Übertragungen aus den Bereichen Oper, Theater, Konzert und Kleinkunst die größte mediale Kulturbühne Österreichs. Mit mehr als 2.000 Programmstunden made in Austria in 3sat, ARTE und ARD alpha dienen wir auch als »Fenster zur Welt« für die heimische Kunst- und Kulturszene mit all ihren regionalen Besonderheiten im Herzen Europas.

Erstmals in der Geschichte der Europäischen Kulturhauptstadt wird heuer einer ländlichen alpinen Region dieser begehrte Titel zuteil. Das Großprojekt »Bad Ischl Salzkammergut 2024«, das 23 Gemeinden in der Steiermark und Oberösterreich zum Fest-Schauplatz zusammenschließt, holt die Vielfalt aus historisch verwurzelter und zeitgenössischer Kunst und Kultur vor den Vorhang und hebt sie auf eine internationale Ebene. ORF III begleitet das vielseitige Programm der Kulturhauptstadt und zeigt zahlreiche Highlights. Zu unseren programmlichen Säulen zählen neben Kultur auch Information und Zeitgeschichte. Mit mehr als 200 zeitgeschichtlichen Dokumentationen, zahlreichen Diskussionsrunden und politischen Formaten sorgen wir dafür, dass wir die Vergangenheit kennen, um die Gegenwart verstehen und die »Zukunft gestalten« zu können. Wir danken allen Beteiligten und freuen uns darauf, mehr denn je mit einem vielfältigen Programm dem Anspruch »ORF III FÜR ALLE« gerecht zu werden.

Peter Schöber

Markus Fallenböck – Michael Freidl – Barbara Zach

Wesen und Wert einer KI-Governance für die Steiermark

Künstliche Intelligenz ist im Alltag angekommen. ChatGPT ist zur Assistenz für fast alles geworden, die Microsoft Co-Pilots in Word, Excel und Co. erleichtern die Arbeit im Büro. Wöchentlich gibt es Neuerungen bei generativer KI, zuletzt sorgten Sora von OpenAI und Google Gemini für Aufsehen. Text-zu-Video-KI ist hier und läutet die nächste Runde der Technologierevolution ein. Freilich, generative KI ist nicht mit »der KI« per se gleichzusetzen – es gibt viele spezialisierte und weniger öffentlichkeitswirksame KI-Anwendungen, die bereits erfolgreich in unterschiedlichsten Bereichen eingesetzt werden, von der Industrie bis zum Gesundheitswesen. Nichtsdestotrotz, künstliche Intelligenz ist längst keine reine Expertendomäne mehr, sondern dringt täglich stärker in den beruflichen aber auch privaten Alltag der Menschen vor.

Mehr als Technik – die interdisziplinäre KI-Expertise von Allgemeinuniversitäten

Um gesamtgesellschaftlich die Auseinandersetzung mit künstlicher Intelligenz erfolgreich zu gestalten, braucht es Wissen, das über rein technische Expertise hinaus geht. Hier kommt Allgemeinuniversitäten eine zentrale Rolle zu, die in ihrer vollen disziplinären Breite von Geistes-, Sozial- und Naturwissenschaften zu KI forschen. An der Universität Graz wurde dafür ein eigenes interdisziplinäres Zentrum eingerichtet. Das IDea_Lab bündelt als digitales Labor der Universität interdisziplinäre Forschung zu den Themen künstliche Intelligenz, Big Data und digitale Transformation.[1] Ein wichtiges Projekt des Labs ist derzeit die Entwicklung einer KI-Governance-Strategie für die Steiermark. Gefördert durch den Zukunftsfonds des Landes Steiermark untersucht das Projekt »AI Styria – Chancen und Herausforderungen der KI-Governance in der Steiermark«, wie der vor Kurzem beschlossene Artificial Intelligence Act – das EU-Gesetz zu künstlicher Intelligenz[2] – in der Region umgesetzt werden kann.

AI-Governance von allen, für alle – Partizipativ zur KI-Strategie der Steiermark

Auf Bundesebene wird aktuell eine KI-Servicestelle eingerichtet. Angesiedelt bei der Rundfunk- und Telekomregulierungsbehörde RTR wird diese Information und Beratung zu technischen, rechtlichen, ethischen und allgemein gesellschaftsrelevanten Fragen in Bezug auf künstliche Intelligenz anbieten. Die Stelle berät in dieser Funktion Mitglieder der Bundesregierung, die mit Agenden zur künstlichen Intelligenz befasst sind, sowie Marktteilnehmer im Medienbereich und entwickelt eine österreichische Strategie für den Umgang mit künstlicher Intelligenz.[3] Über diese Entwicklungen auf Bundesebene hinausgehend muss in einem »Europa der Regionen«[4] auch auf Landesebene eine KI-Governance entwickelt werden. Der Begriff der *Gover-*

---

[1] Siehe zum IDea_Lab: https://idea-lab.uni-graz.at/de/ .
[2] Siehe EU Artificial Intelligence Act (2024). https://artificialintelligenceact.eu/de/ .
[3] Siehe Parlamentskorrespondenz Nr. 1428 (19.12.2023). https://www.parlament.gv.at/aktuelles/pk/jahr_2023/pk1428 .
[4] Siehe Bundeszentrale für politische Bildung (2020). »Europa der Regionen«, in: Politiklexikon, https://www.bpb.de/kurz-knapp/lexika/

nance ist hier bewusst gewählt, da wir überzeugt sind, dass die digitale Transformation als gesellschaftliche Herausforderung nicht ausschließlich über einen regulativen Top-Down-Prozess gesteuert werden kann.[5] Vielmehr braucht es Raum für verschiedene interdisziplinäre Perspektiven und Interessen, die diskutiert, koordiniert und schließlich in einer gemeinsam abgestimmten Strategie umgesetzt werden müssen, um in einer Region wie der Steiermark kollektiv handlungsfähig zu sein.[6] Dazu zählt die Planung, organisatorische Umsetzung sowie Steuerung von Maßnahmen, die die Nutzung von KI in der Steiermark und damit deren Wettbewerbsvorteil nachhaltig unterstützen.

Der AI Act der EU ist da – der Startschuss ist gefallen

Die Europäische Union hat mit dem AI Act die erste umfassende Regulierung von KI weltweit geschaffen. Dabei definiert die Verordnung ein KI-System als »ein maschinengestütztes System, das so konzipiert ist, dass es mit unterschiedlichem Grad an Autonomie betrieben werden kann, das nach der Einführung Anpassungsfähigkeit zeigen kann und das für explizite oder implizite Ziele aus den Eingaben, die es erhält, ableitet, wie es Ergebnisse wie Vorhersagen, Inhalte, Empfehlungen oder Entscheidungen erzeugen kann, die physische oder virtuelle Umgebungen

---

politiklexikon/17431/europa-der-regionen/ .
[5] Siehe Benz, Anton (2022). »Governance, I. Politikwissenschaftlich«, Version 08.06.2022, in: Staatslexikon 8 online. https://www.staatslexikon-online.de/Lexikon/Governance .
[6] Siehe Blumenthal, Julia von (2005). »Governance – eine kritische Zwischenbilanz«, in: Zeitschrift für Politikwissenschaft 15 (4), 1149–1180.

beeinflussen können«.[7] Anwendungsbeispiele dafür sind intelligente Diagnosesysteme in der Medizin, KI-gestützte Lösungen im Recruiting-Bereich oder generative KI mithilfe derer man Text, Bilder, Musik und Videos produzieren kann (GPT-4, DALL-E, AIVA, Sora und v. m.). Ziel des risikobasierten AI Acts ist es, eine einheitliche Basis für den Umgang mit KI in der EU zu schaffen und so zu gewährleisten, dass KI-Systeme und deren Anwendung sicher sind und nicht gegen europäische Grundrechte verstoßen. Dabei gilt: Je risikoreicher ein KI-System, desto strenger sind die Vorschriften dazu.[8]

Wie der AI Act in Einklang mit nationalen und regionalen Regulierungen gebracht werden soll, konkretisiert dieser allerdings nicht. Die Verordnung ist ein so genannter High-Level-Rechtsakt, durch den zentrale Themen in der Umsetzung an die Mitgliedstaaten – und damit auch an die Regionen – delegiert werden. Für regional operierende Organisationen und Unternehmen entstehen dadurch enorme Unsicherheiten, wie gegenwärtige und zukünftige KI-Systeme gesetzeskonform gestaltet und eingesetzt werden können. Der AI Act gibt für die gesetzeskonforme Anpassung keine Hinweise, sondern nur einen zeitlichen Puffer vor: Nachdem das Gesetz in Kraft tritt[9], beginnt eine zweijährige Übergangsphase für Unternehmen. Diese Periode sollten

---

[7] EU Artificial Intelligence Act. »I: Allgemeine Bestimmungen. Artikel 3: Begriffsbestimmungen (1)«. https://artificialintelligenceact.eu/de/article/3/ .

[8] Rat der EU. Pressemitteilung (9.12.2023). »Gesetz über künstliche Intelligenz: Rat und Parlament einigen sich über weltweit erste Regelung von KI«. https://www.consilium.europa.eu/de/press/press-releases/2023/12/09/artificial-intelligence-act-council-and-parliament-strike-a-deal-on-the-first-worldwide-rules-for-ai/ .

[9] Derzeit liegt eine vorläufige Einigung von Ratsvorsitz und EU-Parlament zum KI-Gesetz vor. Nun muss der Verordnungsentwurf den Vertretern der EU-Mitgliedsstaaten zur Billigung vorgelegt werden. Im Anschluss muss

sie nutzen, um KI-Systeme und damit verbundene Prozesse gesetzeskonform anzupassen. Da bei Nicht-Konformität hohe Bußgelder möglich sind, empfehlen Rechtsanwaltskanzleien bereits heute, die Anforderungen des AI Acts für das eigene Unternehmen zu prüfen. Sie prognostizieren, dass der AI Act zum Teil erhebliche Auswirkungen auf die Gestaltung von digitalen Geschäftsmodellen, die Vertragsgestaltung und die Informationspflichten haben wird.

AI Styria – Strategisch voraus bei KI

KI mischt die Karten neu! Um im internationalen Wettbewerb zu bestehen, müssen steirische Unternehmen aller Branchen und Größen in Digitalisierung investieren. Deshalb fordern Industrieverbände wie die Industriellenvereinigung eine deutliche Anstrengung der Unternehmen wie auch der Politik, die digitale Transformation in Österreich aktiv zu gestalten.[10] Dies kann in der Steiermark jedoch nur gelingen, wenn die rechtliche Umsetzung des AI Acts von regional angepassten Maßnahmen und Hilfestellungen wie Good Practice Leitlinien begleitet wird. Welchen Governance-Bedarf steirische Unternehmen für die Nutzung von KI haben und wie diese im Rahmen einer verbindlichen EU-Regulierung in der Steiermark politisch umgesetzt werden können, untersucht das Projekt »AI Styria« interdisziplinär fundiert. Ziel des Projekts ist die Entwicklung einer

---

die Endfassung von Rat und Parlament bestätigt werden und wird dann noch von Rechts- und Sprachverständigen überarbeitet. Siehe Rat der EU. Pressemitteilung (9.12.2023).

[10] Industrielle Vereinigung (2023). »Industrie präsentiert Aktionsplan für digitales Österreich 2030+«. Pressemitteilung. https://steiermark.iv.at/Themen/Aktuelle-Schwerpunkte/Aktionsplan-digitales--sterreich/Industrie-praesentiert-Aktionsplan-fuer-digitales-Oesterr.html .

regionalen Strategie für die Nutzung von KI, die den Forschungs- und Wirtschaftsstandort Steiermark basierend auf Richtlinien, Prinzipien und Praktiken nachhaltig stärkt und zukunftsfähig macht. Dafür werden die ethischen und rechtlichen Herausforderungen, die sich für die Implementierung des AI Acts in der Steiermark ergeben, analysiert sowie relevante steirische Stakeholder partizipativ in die Gestaltung der Governance-Strategie einbezogen. Adressaten sind in erster Linie Unternehmen sowie Akteure, die in Parlament, Regierung und Verwaltung gesellschaftlich verantwortliches Handeln im Einklang mit dem AI Act nachhaltig gestalten und fördern wollen. Die Strategie schließt aber auch weitere Stakeholdergruppen in der Steiermark ein, die an der digitalen Transformation von Organisationen in jeglicher Form beteiligt sind.

KI-Initiativen – Was sich schon tut, was noch zu tun ist

Das Projekt »AI Styria« ergänzt bereits angelaufene bzw. gerade entstehende Aktivitäten zu KI-Governance in unterschiedlichen Handlungsfeldern. Im Bildungsbereich ist etwa die Universität Graz federführend an der wissenschaftlichen Begleitung im KI-Pilotschulen-Projekt des BMBWF beteiligt. Im Rahmen dieses Projekts werden über 100 Schulen in Österreich in den nächsten zwei Jahren zu Pilotschulen im KI-Kontext.[11] Das Projekt ist Teil des BMBWF Maßnahmenpakets »Künstliche Intelligenz –

---

[11] APA (14.11.2023). »100 Schulen sollen zu KI-Pilotschulen werden«, https://science.apa.at/power-search/2311219706711000156 .

Chance für Österreichische Schulen«[12]. Ziel des Projekts ist es, die Schulen bei der Beschaffung von Lernsoftware zu unterstützen und Unterrichtsmaterialien mit KI-Beispielen auszustatten. Dabei werden die Schulen wissenschaftlich begleitet.[13] Auch im Hochschulbereich wird der KI-Kompetenzaufbau forciert. An der Universität Graz wird derzeit ein Micro-Credential[14] zu KI als Wahlfach für alle Bachelor Studierenden entwickelt. Diese kompakten modularen Qualifikationspakete vermitteln Studierenden in forschungsgeleiteter Lehre aktuelles KI-Know-how. Auch im Wirtschaftsbereich gibt es bereits mehrere Initiativen, die sich mit KI befassen – wie etwa der Digital Innovation Hub Süd[15], welcher gemeinsam mit dem BANDAS-Center der Universität Graz[16] Workshops für kleine und mittlere Unternehmen (KMU) anbietet. Oder auch die Online-Seminarreihe KI(ck)start[17] von IDea Lab und Uni for Life, der Weiterbildungseinheit der Universität Graz. An diese Initiativen knüpft »AI Styria« synergetisch an, mit besonderem Fokus auf den KMU-Bereich. Denn insbesondere für Startups und KMU mit begrenzten Ressourcen stellen Nutzung oder Entwicklung von KI-Systemen große Herausforderungen dar. Der AI Act wie auch geplan-

---

[12] Siehe BMBWF (2023). »Künstliche Intelligenz. Infomailing Dezember 2023«. https://www.bmbwf.gv.at/Themen/schule/fpp/infomail/2023_12/ki.html.
[13] Siehe APA (14.11.2023). »100 Schulen sollen zu KI-Pilotschulen werden«. https://science.apa.at/power-search/2311219706711000156 .
[14] Siehe European Commission (2024). »A European approach to micro-credentials«. https://education.ec.europa.eu/education-levels/higher-education/micro-credentials .
[15] Siehe zum DIH Süd: https://www.dih-sued.at/ .
[16] Siehe zum BANDAS: https://business-analytics.uni-graz.at/de/.
[17] Siehe zu KI(ck)start: https://www.uniforlife.at/de/kickstart/.

te nationale Umsetzungen[18] sehen dafür Maßnahmen wie Transparenzpflichten, Reallabore, Verhaltenskodizes oder KI-Gütesiegel vor.[19] Gerade KMU mit regionalem Fokus benötigen entsprechende Unterstützungs- und Begleitmaßnahmen, um die Chancen durch KI positiv zu nutzen.

---

[18] Siehe BMK (2023). Vortrag an den Ministerrat: »KI Maßnahmenpaket vom 20.9.2023«. https://www.bundeskanzleramt.gv.at/dam/jcr:a91d0f43-5383-4215-b9cb-d6d589b31098/70_22_mrv.pdf .

[19] Siehe Hilgendorf, Eric und Roth-Isigkeit, David (Hrsg.) (2023). Die neue Verordnung der EU zur künstlichen Intelligenz. München: C.H. Beck.Siehe Hoeren, Thomas et al. (Hrsg.) (2022). Künstliche Intelligenz – Ethik und Recht. München: C.H. Beck.
Siehe Ifsits, Marleen, Minihold, Clara und Roubik, Eva-Maria (2020). Haftungsfragen beim Einsatz künstlicher Intelligenz. Wien: Linde Verlag.
Siehe Fallenböck, Markus (2023). »KI oder nicht KI? Anspruch und Wirklichkeit bei der Regulierung innovativer Technologien«, in: Herwig Hösele und Lojze Wieser (Hrsg.), The European Way of Life: Anspruch und Wirklichkeit, Klagenfurt: Wieser Verlag, 296.

We can work it out!

»*Die Zukunft war früher auch besser*« – *sehr oft kommt mir dieser wahrlich philosophisch-hintergründige Satz des bayrischen Humoristen Karl Valentin in den Sinn, wenn ich mit Medienkolleginnen und -kollegen die aktuelle Situation unserer Branche erörtere: Pessimismus allerorten, Jammertäler und Selbstmitleid. Zugegeben, die Zeiten sind härter geworden, die internationalen Nachrichten aus den Krisengebieten drücken aufs Gemüt und auch die Wirtschaftsmeldungen verleiten kaum zu Luftsprüngen. Gestiegene Produktionskosten, knappe Personalressourcen, zunehmende Nachrichten-Vermeidung des Publikums und der zähe Kampf gegen Fake-News-Plattformen sind das tägliche Brot in den heimischen Redaktionen. Gerade in diesen Zeiten kommt den Regionalmedien eine besondere Rolle zu. Die Menschen sehnen sich nach positiven Meldungen, am besten aus der eigenen Umgebung. Bitte nicht falsch verstehen, ich möchte hier keiner unglaubwürdigen Schönwetter-Berichterstattung das Wort reden; aber lenken wir nicht zu oft den Blick auf das Haar in der Suppe und übersehen dabei den Geschmack des Gesamtmenüs? Gehen wir nicht allzu oft denen auf den Leim, die alles krankjammern, weil sie daraus mittelfristig Kapital schlagen wollen oder weil ihre Persönlichkeit so gestrickt ist? Wir müssen nicht in der Opferrolle verharren. Willy Brandt, der deutsche Bundeskanzler und Friedensnobelpreisträger, hat sein Leitmotiv so formuliert:* »*Der beste Weg, die Zukunft vorauszusagen, ist, sie zu gestalten*«.

Gerhard Koch

Lojze Wieser

»Wo sich der Mikrokosmos in der Universalität und die konkrete Wirklichkeit im Ewigen treffen«

Eine Art Einleitung zur Gegend, den Menschen und dem Geschmack in Notaten und Bildern

Wenn wir der Region der südlichen und östlichen Steiermark auf österreichischer Seite und der der slowenischen Štajerska in Slowenien besonderes Augenmerk schenken, die selbst Teil der alpen-adriatischen Region sind, und in der Kulinarik die verwandtschaftlichen Seiten er-schmecken wollen, dann sind wir uns dessen bewusst, dass in diesem Biotop zwischen den Alpen und dem Meer alle Erfahrungen gespeichert sind, die die Menschheit in ihrer evolutionären Entwicklung erfahren hat – unterbrochen von allen möglichen und unmöglichen Katastrophen, von Epidemien und Kriegen, vom Schwarzen Tod, von Vertreibung und Vernichtung. Dabei haben sie das Handwerkszeug zum Überleben erlernt und von Mal zu Mal verfeinert. Dass jedoch die Menschheit noch immer auf die gemachten Erfahrungen allzu gerne verzichtet, ändert nichts an der Tatsache, dass die Antworten vor uns, auf dem Tisch liegen. Damit verbunden ist auch die Hoffnung, dass der Tag kommen wird, wo wir auf deren großflächiger Anwendung nicht arrogant und hochnäsig herabschauen, sondern ihr eine allmählich größere Aufmerksamkeit schenken – zum eigenen Vorteil und Überleben.

Im Umkreis von 30 km lauter Grenzen. Im Radkersburger Winkel treffen vier Sprachen aneinander: Deutsch, Slowenisch, Kroatisch und Ungarisch.

Südost-Steiermark und die Štajerska – das Land der Vulkane, das Land der verborgenen Sprache, das Land der Phantasien und der hoffnungsvollen/reichen Perspektiven. Das Land, das nicht aufgibt und hinter eigenartigen Lauten seine Ursprünglichkeit hervorbringt. Wo das Urmeer zwar Schwemmland aber keine Grenzen hinterließ und wo Wasserscheiden auch zu Dialektgrenzen werden. Wo politische Differenzen tiefe Wurzeln haben und als Vorwurf – immer noch und immer wieder – mitschwingen. Wo das Ärmliche fürs Heute, Unzerstörtes aus jener Zeit erhalten hat.
Gerade noch war hier das Meer – hörst du das Rauschen? Gerade ist da die Lava noch geflossen – fühlst du das Pulsieren? Freundlich leuchten die Augen des grünen Goldes aus dem Feld. Ist der Mais das heimliche Wegzeichen? Oder ist der Türkensterz das Passepartout der Impressionen für Land, Natur und Schloss, für verstecke Dörfer, Blüten, Bienen und das Hadenfeld? Oder hat gar Vincent van Gogh seinen Pinsel in dieser Landschaft liegen gelassen? Das wird uns der Wein zwischen den Zeilen erzählen. Hier schlägt mein Herz. »*Hier bin ich zu Hause, mein Freund. (…) Denn meine Träume wurden in diesen Riegeln geboren*« hören wir Tone Kuntner sagen.

Die Gegend, in der wir uns bewegen, den Menschen, denen wir begegnen, sie alle suchen Wege, Krisen auszuweichen, oder zu entgehen, Wege ausfindig zu machen, mit der Natur im Einklang, durch die nicht Ressourcen und der Kinder Zukunft vernichtende Perspektiven geboten werden. Sie schauen nicht zurück und wenn, nur insofern, als es darum geht, zu fragen, wie habt ihr es gemacht und war das, was ihr tatet, im Einklang mit den damaligen Erkenntnissen?

Warum und wieso reifen in diesen Breiten vor allem Müller-Thurgau und Traminer rot, gelb und Gewürztraminer, Muskat Otonell und Muskateller, Ruländer, Tokay oder Grauburgunder, wieso die Linie der Burgunder überhaupt und was heißt es, dass die Amerikaner nach der Relais als widerstandsfähige, die heimischen dickwandigen, aber nicht so resistenten, ablösten? Oder ging es auch da schon nur um den Ertrag, und wie geht man mit einem Boden um, der durch Kunstdünger stickstoffgeladen, fett und nährreich ist, und die Versuche, der Traube den Mangel zu simulieren, um ihre Reserven zu mobilisieren und ihre innewohnenden Töne zum Vorschein zu bringen …?
Und, was haben uns die ampelographischen Aufzeichnungen der Brüder Kreuzer zu erzählen? Vinzenz in Conrad Kreuzer haben um 1840, Mitte des 19. Jahrhunderts, vor dem verheerenden Einschnitt durch die Reblaus in die Weinkultur in einer *Sammlung ampelographischer Darstellungen* Rispen, Trauben, Blättern, Ranken und Beeren verschiedener steirischer Rebsorten gezeichnet und beschrieben.

Die Kreuzer-Sammlung von Gouachen auf Papier ist nicht nur für die slowenische und österreichische Geschichte des Weinbaus von immenser Bedeutung, sie ist auch ein Fundament der europäischen Weintradition. Sie ist bis heute das einzig erhaltene Bildmaterial über die Rebsorten, die in der gesamten Steiermark in der österreichisch-ungarischen Monarchie, also auch im heutigen Slowenien, angebaut wurden. Ihr besonderer Wert liegt in der Dokumentation einzelner Rebsorten, die nach der Einschleppung der Reblaus ausgerottet wurden. Diese Sammlung ist daher ein wertvolles europäisches Erbe der Ampelographie und der Weinkultur im Gesamten innerhalb des immateriellen Archivs Europas. **Die Geheimnisse** der Region, die Destillate bleiben im Verborgenen. Sie lugen nur hervor. Von den südlichen slowenisch-sprechenden Hügeln bringt uns der *Kognac* aus Kog wunderbare Wärme, die wir in dieser Region erfahren und mit den fruchtigen Säuren – mit ihrer nicht zu unterdrückenden Süße – er-schmecken können.

> *Der Kuckuck hat seinen Flug beendet. / Es ist schon Herbst. / Der Atem ist ihm ausgegangen. / Die Ewigkeit fängt an // Der Wein ist vor der Lese / Der Hagel macht ihn klein / Myriaden Muscheln / Ewig ist die Zeit //* schreibt ein Anonymus.

Der Klopótec singt. In Slowenien hat er meist drei Arme, im Südoststeirischen vier und heißt da Klápotetz. Er klappert. Er wird aus verschiedenen Hölzern gefertigt, das Schlagbrett muss zwingend aus Kirsche oder Edelkastanie sein. Nur DER Ton vertreibt – angeblich – die Vögel. Ob diese Vogelscheuche wirklich die Kreuzritter mitgebracht haben, die über die steirisch-slowenischen Hügel gen Jerusalem gezogen sind? **Ein Klápotetz** (slowenisch klopôtec) ist eine im südsteirischen Weinland verbreitete Vogelscheuche. Sie besteht aus einem Windrad mit Welle und Schlägeln, die durch ihr rhythmisches Geklapper die Vögel von den Weingärten zur Zeit der Traubenreife fernhalten sollen. Der Name stammt aus dem Slowenischen: klopótec, zu Deutsch »Klapper«. Im Slowenischen und im Österreichischen Wörterbuch heißt es **der** Klápotetz, im südsteirischen Sprachgebrauch heißt es **die** Klapótetz, wohl abgeleitet aus »die Windmühle«. In Österreich besitzt das Windrad meist acht, in Slowenien nur sechs Flügel. Als

Material zur Herstellung eines Klápotetz werden vier Holzarten benötigt: Fichtenholz (auch Tanne oder Lärche) für die Flügel, Buchenholz für die Klöppel, Esche oder Kastanie für den Block und Kirschbaumholz für das Schlagbrett. Letzteres muss verwendet werden, denn nur Kirschbaumholz erzeugt schrille Töne, wahrscheinlich auch mit Frequenzen im Ultraschallbereich, die für Vögel unangenehm sind. Der Durchmesser des Windrades beträgt meistens etwa einen Meter. Am hinteren Ende des Klápotetz werden oft Birkenbuschen als Windfahne und Gegengewicht angebracht. Das melodische Geklapper des Klápotetz ist charakteristisch für die Stimmung der südsteirischen Weinberge. Die Klapotetze stehen nicht das ganze Jahr über im Weinberg. Sie werden nach alter Überlieferung zu Jakobi, das heißt am 25. Juli, aufgestellt und zu Allerheiligen (am 1. November) oder zu Martini (am 11. November) wieder abgebaut. Der Klápotetz wurde schon 1797 in einer Handschrift erwähnt. Aus dem Jahr 1832 gibt es eine bildliche Darstellung eines Schlosses bei Celje mit einem + und auch Erzherzog Johann besaß 1836 auf seinem Weingut in Pickern einen Klapótetz.[1]

Im Land des Klápotec, im Land des Weins und der verborgenen Sprachen, im Land der Phantasie ist das Hoffen-Wagen anzutreffen. Im Land der Stehauf-Mandeln und der Stehauf-Weibeln und der Vulkankegeln, wo ihnen der Kirchturm, in Nebel gehüllt, zu sagen weiß, was die Stunde geschlagen hat. Komm, lass uns eintreten!

Das Glück war den Menschen an der Grenze selten hold, auch hier nicht an der Mur. Die Teilung der Steiermark

---

[1] (https://de.wikipedia.org/wiki/Klapotetz; https://sl.wikipedia.org/wiki/Klopotec)

nach dem Zerfall der Monarchie bedeutete auch die Spaltung eines Kulturraumes. Alles Slawische wurde verbannt. Nach dem Zerfall der Monarchie verblieben entlang der Murgrenze viele Weingärten auf der südlichen, der slowenischen Seite, und es kam zu Doppelbesitzungen. Aber die Menschen blieben beharrlich und klapperten – klápotezartig – dass Flüsse nicht trennen. Sie schufen Brücken, wie die Dorners und ihre Vorfahren in Mureck, in Cmurek, wie es auf Slowenisch heißt. Die Sprache ist Teil der Geschichte und Synonym der Verbindung von Haus und Hof auf der einen Seite des Ufers und den südlicher liegenden Weingärten in Sveti Vrh, auf der anderen Seite.

Was du sagst, von weit her sagst, / ist nah. / Es hat mich durchschlagen. / Es kam als Echo, / von einer Wand abgelehnt, / zurück / und blieb in mir«.

Die Verse von Alfred Kolleritsch erinnern auch an die Herkunftsorte seiner Vorfahren, im »*von erloschenen Vulkanen geprägten Hügelland, über das Weingärten ziehen*«

Die Riegersburg schaut von der Kraterfüllung, von der Plombe des Vulkans, übers Land. Einst war hier der Grenzposten des Abendlandes gegen einfallende Magyaren und Osmanen. Als Wächter holte man Landsknechte aus dem Norden, griff hart gegen die Bauern durch und – ging vor allem gegen Frauen vor, die hundertfach als Hexen denun-

---

klopôtec -tca m (ó) **1.** *lesena naprava s kladivci, ki dajejo ob udarjanju enakomerne glasove*: klopotci v vinogradih drdrajo, klopotajo; s klopotcem je preganjal vrabce in škorce; vrti se kot klopotec v vetru **2.** ekspr. *kdor (rad) veliko govori*: to ti je čvekač in klopotec **3.** *jajce, ki zaradi posušene, pokvarjene vsebine klopota*: med jajci sta bila dva klopotca ♪

ziert wurden. Die erhaltenen Inquisitions-Akten sind heute anklagende, stumme Zeugen dieser Zeit. Hoch oben auf der Burg war vom Mangel, wie er in den Huben zuhause war, nichts zu spüren. Wenn es um das eigene Wohlergehen ging, ließ man sich nicht lumpen.

Für die Ewigkeit erhalten ist eine Gravur aus dem Jahre 1635, eingeritzt in Bleikristall: »*Am 6. April hat das Saufen angehebt, und alle Tage Rausch gegeben, bis auf den 26. Detto.*« Nach einem dreiwöchigen Gelage konnte auch keiner mehr vom Baum aus Ausschau halten – bis ins Ungarische, zur Prlekija hin und ins Kroatische. Die Mächtigkeit der Trutzburg ist nur mehr ein Echo der Vergangenheit und der sprachlichen Erinnerung. Das Schiff ist auf dem steirischen Vulkan gestrandet.

Aus diesen Hügeln erwuchs in den Jahrhunderten eine einfache, wohlschmeckende Kost, die in den Küchen diesseits und jenseits der heutigen Grenze, innerhalb des europäischen Friedenskontinents, in leichten Abwandlungen, auch heute noch auf den Tisch gestellt werden. **Einer der erfahrensten** europäischen Spezialisten für die Traditionelle chinesische Medizin (TCM), Claude Dioloso, stellt den regionsbezogenen Küchen und Rezepturen folgendes Zeugnis aus: Sie seien »*eng mit der ethnischen Zugehörigkeit verbunden*« und seien »*die Folge von Ernährungsgewohnheiten, (von) sozialen, politischen, religiösen und erzieherischen Einflüssen, das, was wir das kollektive Gedächtnis der Völker, das ethnologische HUN, nennen.*« Und auf die pathologisch-medizinischen Auswirkungen stellt er im Weiteren fest, dass es offensichtlich sei, »*dass jedes Volk oder jede ethnische Gruppe signifikante Pathologien auf-*

weist. Es ist daher wichtig, immer die (ethnologische) Herkunft des Patienten, seine Ernährungsgewohnheiten, das soziale, politische und religiöse Umfeld, in die seine psychologische und physiologische Struktur eingebettet ist, zu berücksichtigen, um eine ganzheitliche Sicht des Patienten zu erhalten.«

Bei allen auf eine Region bezogenen Überlegungen – auch im Hinblick auf die Kulinarik – sind demnach nicht nur soziale Struktur, die religiöse Einbettung und die zur Verfügung stehenden Grundnahrungsmittel von Bedeutung, sondern auch die über Jahrhunderte gewachsene Anpassung vom Menschen an die Natur und umgekehrt, die sich erst dann offenbaren, wenn sie im ganzheitlichen Gefüge zum Wohlgefallen einer gesamtgesellschaftlichen Entwicklung gesehen und gefördert werden – ist doch die Region jener Punkt, wo sich der Mikrokosmos in der Universalität und die konkrete Wirklichkeit im Ewigen treffen.

FOTOESSAY

Ein Rückblick auf 2023 und Impressionen von früheren Pfingstdialogen und Dialogveranstaltungen

© Fotos: Thomas Fischer, Michaela Lorber, Clemens Nestroy, Manuel P. Neubauer, Thomas Raggam, Peter Rampsbacher, Martin Wieser.

Anspruch und Wirklichkeit des »European Way of Life«: Wissenschaftslandesrätin Barbara Eibinger-Miedl mit dem bekannten Journalisten Prof. Paul Lendvai bei der Dialogveranstaltung in der Aula der Alten Universität am 22. Mai 2023.

Das Forum Generale beim Pfingstdialog 2022 mit Europaministerin Karoline Edtstadler, dem Philosophen und Erfolgsautor Richard David Precht, der Philosophin Lisz Hirn und Landeshauptmann Christopher Drexler (v. l.).

Eröffnung des Pfingstdialogs 2023 mit Club-Alpbach-Vorsitzendem und Geist & Gegenwart-Koordinator Herwig Hösele, Landesrätin Barbara Eibinger-Miedl und Diözesanbischof Wilhelm Krautwaschl (v. l.).

Pfingstdialog 2022: Mit dem langjährigen deutschen Vizekanzler, Wirtschafts- & Außenminister (SPD) Sigmar Gabriel konnten Landeshauptmann Hermann Schützenhöfer, Landesrätin Barbara Eibinger-Miedl und der Vizepräsident der deutschen Handelskammer in Österreich, Christian Jauk (CEO Schelhammer Capital Bank), einen wahrlich hochkarätigen Keynote-Speaker für den Pfingstdialog gewinnen.

Pressekonferenz mit Präsentation der Publikation »The European Way of Life« am 15. Mai 2023 in Graz: Verleger Lojze Wieser, Landesrätin Barbara Eibinger-Miedl, Herwig Hösele und Christian Lagger, Geschäftsführer des Grazer Krankenhauses der Elisabethinen, freuen sich über ein umfangreiches Werk (v. l.).

Gruppenbild mit Dame 2023: Herwig Hösele, Landesrätin Barbara Eibinger-Miedl, der Philosoph Peter Sloterdijk und der Direktor des Österreichischen Integrationsfonds (ÖIF), Franz Wolf (v. l.).

Der renommierte Star-Philosoph, »Meisterdenker« und viel zitierte Buchautor Peter Sloterdijk beim Pfingstdialog 2023.

Eine hochkarätige internationale Runde im Jahr 2023: Verleger Lojze Wieser, Moderator und »Standard«-Journalist Thomas Mayer, Robin S. Quinville vom Woodrow Wilson Center, Landesrätin Barbara Eibinger-Miedl, Peter Sloterdijk, Valentin Inzko (ehem. Hoher Repräsentant von Bosnien) und Herwig Hösele (v. l.).

Walter Hämmerle (Kleine Zeitung) und der renommierte Zeithistoriker Peter Longerich in einer Pause beim Pfingstdialog 2023 (v. l.).

Nachdenken über Europa 2023: Thomas Gremsl (Universität Graz), Johanna Pirker (Informatikerin an der TU Graz) und der Soziologe Manfred Prisching (v. l.).

Die Styria Media Group trifft den ORF Steiermark 2023: Gute Laune bei VÖZ-Präsident und CEO Markus Mair und ORF-Landesdirektor Gerhard Koch (v. l.).

2023: Bernhard Puttinger vom Green Tech Cluster, der Geschäftsführer von JOANNEUM RESEARCH Heinz Mayer und Simone Harder vom Institut für Wirtschafts- und Standortentwicklung (v. l.).

Geballte Wirtschaftskompetenz 2023: Moderator Jakob Zirm von der Tageszeitung »Die Presse«, Umweltökonomin Birgit Bednar-Friedl von der Universität Graz, die Direktorin von EcoAustria Monika Köppl-Turyna, WIFO-Direktor Gabriel Felbermayr, Landesrätin Barbara Eibinger-Miedl, AVL-List Vice President Georg List und Karl Rose von der Universität Graz (v. l.).

Im Zeichen der Digitalisierung 2023: Moderatorin Doris Helmberger-Fleckl, Chefredakteurin der Wochenzeitung Die Furche, Andreas Gerstenmayer, CEO von AT&S und Vorsitzender des Forschungsrates Steiermark, Digitalisierungsexpertin Sarah Spiekermann von der TU Wien, TU Graz-Rektor Horst Bischof, Landesrätin Barbara Eibinger-Miedl und der Sektionschef im BMAW Florian Frauscher (v. l.).

Liberale Demokratie und Menschenrechte im Fokus 2023: Der Journalist und Moderator Michael Fleischhacker mit der Direktorin des John Stuart Mill Instituts Ulrike Ackermann, der Richterin am Gericht der Europäischen Union Elisabeth Tichy-Fisslberger und dem Präsidenten des Verfassungsgerichtshofs Christoph Grabenwarter (v. l.).

Eine lebendige Diskussion im Rahmen der Eröffnung zum Pfingstdialog 2023 mit Landesrätin Doris Kampus, Herwig Hösele, dem Rektor der Karl-Franzens-Universität Graz Peter Riedler und IV-Geschäftsführer Steiermark Gernot Pagger (v. l.).

Der Grazer Verfassungsrechtler und Politologe Klaus Poier bei der Eröffnung des Seminarprogramms 2023 – im Rahmen des Stipendienprogramms.

Angeregter Meinungsaustausch zu europäischen Fragen zwischen Manuel P. Neubauer und Paul Lendvai in einer Pause in Seggau 2023.

Schloss Seggau – Heimat des Pfingstdialogs Geist & Gegenwart.

Initiierten 2005 die »Geist & Gegenwart«-Pfingstdialog-Reihe: Waltraud Klasnic und Egon Kapellari.

Hitzige Diskussionen über Europa und die USA 2017: US-Politikwissenschafter Ed Rhodes, Landesrat Christopher Drexler, State Senator Marc R. Pachecco, Presse-Chefredakteur Rainer Nowak, ORF-Korrespondentin Hannelore Veit, Alt-Bundeskanzler Alfred Gusenbauer und Alt-Vizekanzler Erhard Busek (v. l.).

Intensiver Gedankenaustausch 2013: Der Begründer der ökosozialen Marktwirtschaft Josef Riegler, der jetzige Bundespräsident Alexander Van der Bellen und der frühere Nationalbankpräsident Claus J. Raidl (v. l.).

Landeshauptmann Christopher Drexler (damals Wissenschaftslandesrat) am 13. März 2017 in der Aula der Alten Universität bei der Dialogreihe »Geist und Gegenwart« mit dem angesehenen deutschen Politologen Herfried Münkler, der als Professor an der Humboldt Universität zu Berlin lehrt und 2024 wieder als Keynote-Speaker teilnimmt.

Kunst trifft Medizin: Georg Schulz, Rektor der Kunstuniversität Graz (links) im Gespräch mit Hellmut Samonigg, dem damaligen Rektor der Medizinischen Universität Graz beim Pfingstdialog 2022 »Green Europe«.

Der heutige Landeshauptmann Christopher Drexler beim Forum Generale des Pfingstdialogs 2015 im Gespräch mit dem Schriftsteller und Historiker Doron Rabinovici und der deutschen Soziologin und Publizistin Necla Kelek.

Karel Schwarzenberg war mehrfach Gast beim Pfingstdialog (hier 2007 im Gespräch mit Hermann Schützenhöfer).

Eröffnung des Pfingstdialogs 2007 »Europa. Träume und Traumata« mit Josef Krainer, Waltraud Klasnic, Jeremy Rifkin, Benita Ferrero-Waldner, Hermann Schützenhöfer und Martin Bartenstein (v. l.).

Die Keynote-Speaker 2015 Alice Schwarzer und Jakob von Uexkull, Begründer des alternativen Nobelpreises.

Pfingstdialog 2021 »Reset Europe«: EU-Kommissar Johannes Hahn, Europaministerin Karoline Edtstadler, der damalige Landeshauptmann Hermann Schützenhöfer, Landesrätin Barbara Eibinger-Miedl und »Geist & Gegenwart«-Koordinator Herwig Hösele (v. l.).

Diözesanbischof Wilhelm Krautwaschl (rechts) und Superintendent Wolfgang Rehner bei bester Laune vor einem Vortrag im Rahmen des Pfingstdialogs 2022 »Green Europe«. Im Hintergrund: Oliver Kröpfl, Vorstandsdirektor der Steiermärkischen Sparkasse.

Pfingstdialog 2019 »Das digitale Europa«: Asien und Europa mit unterschiedlichen Zugängen zu den ethischen Spannungsfeldern der digitalen Transformation: Der damalige Landesrat und heutige Landeshauptmann Christopher Drexler in Diskussion mit Stefan Winkler, dem Vizerektor der Digitalisierungsagentur von Singapur (AI Singapore).

Pfingstdialog 2022: Der aus Ghana stammenden Kurienkardinal Peter Turkson kam auf Einladung von Diözesanbischof Wilhelm Krautwaschl in die Steiermark. Barbara Eibinger Miedl, Klaus Zenz (in Vertretung von Landeshauptmann-Stellvertreter Anton Lang) und Moderator Stefan Winkler (m) hießen ihn herzlich willkommen.

Impressionen vom Pfingstdialog 2021: Landeshauptmann Christopher Drexler (rechts) und Martin Polaschek, Bundesminister für Bildung, Wissenschaft und Forschung.

GEIST & GEGENWART
Pfingstdialog Steiermark 2024

Europas Regionen
Zukunft gestalten

Regions of Europe
Shaping the future

15. – 16. Mai 2024 | Schloss Seggau, Leibnitz
15 – 16 May 2024 | Seggau Castle, Leibnitz

www.pfingstdialog-steiermark.at

„Geist & Gegenwart" ist eine Veranstaltungsreihe des Club Alpbach Steiermark in Zusammenarbeit mit dem Land Steiermark und der Diözese Graz-Seckau.
"Geist & Gegenwart" is a series of events organised by Club Alpbach Steiermark, in cooperation with the state of Styria and the Diocese of Graz-Seckau.

  Gefördert durch

Sponsoren und Fördergeber / Sponsors and patrons

Gefördert durch

Programmpartner / Programme partners

Medienpartner / Media partners

Veranstaltungsort / Venue

Autorinnen und Autoren

Werner Amon ist Landesrat für Bildung, Personal und Europa in der Steiermärkischen Landesregierung.
Horst Bischof ist Rektor der Technischen Universität Graz.
Christopher Drexler ist Landeshauptmann der Steiermark.
Kristina Edlinger-Ploder ist Rektorin und Geschäftsführerin der Fachhochschule Campus 02.
Karoline Edtstadler ist Bundesministerin für EU und Verfassung im Bundeskanzleramt der Republik Österreich.
Barbara Eibinger-Miedl ist Landesrätin für Wirtschaft, Tourismus, Regionen, Wissenschaft und Forschung in der Steiermärkischen Landesregierung.
Corinna Engelhardt-Nowitzki ist wissenschaftliche Geschäftsführerin der FH JOANNEUM in Graz.
Markus Fallenböck ist Vizerektor für Personal und Digitalisierung sowie Professor für Technologie und Innovationsrecht an der Karl-Franzens-Universität Graz.
Heinz Faßmann ist Präsident der Österreichischen Akademie der Wissenschaften.
Michael Freidl ist Leiter des Data Lab Teams an der Karl-Franzens-Universität Graz und wissenschaftlicher Leiter des Uni for Life Weiterbildungsprogrammes zu KI – KI(ck)start.
Josef Herk ist Präsident der Wirtschaftskammer Steiermark.
Herwig Hösele ist Präsident des Club Alpbach Steiermark und Koordinator von »Geist & Gegenwart«.
Michael Hüther ist Professor und Direktor sowie Mitglied des Präsidiums des Instituts der deutschen Wirtschaft in Köln.

Doris Kampus ist Landesrätin für Soziales, Arbeit und Integration in der Steiermärkischen Landesregierung.

Beatrix Karl ist Rektorin der Pädagogischen Hochschule Steiermark.

Gerhard Koch ist Landesdirektor des ORF Steiermark, dessen langjähriger Chefredakteur er davor war.

Monika Köppl-Turyna ist Ökonomin und wissenschaftliche Direktorin von EcoAustria.

Karlheinz Kornhäusl ist Landesrat für Gesundheit, Pflege, Sport und Gesellschaft in der Steiermärkischen Landesregierung.

Wilhelm Krautwaschl ist 58. Bischof der Diözese Graz-Seckau.

Thomas Krautzer ist Professor am Institut für Wirtschafts-, Sozial und Unternehmensgeschichte der Karl-Franzens-Universität Graz.

Oliver Kröpfl ist Vorstandsmitglied der Steiermärkischen Sparkasse.

Andrea Kurz ist Rektorin der Medizinischen Universität Graz.

Ursula Lackner ist Landesrätin für Umwelt, Klimaschutz, Energie, Regionalentwicklung und Raumordnung in der Steiermärkischen Landesregierung.

Christian Lagger ist Geschäftsführer des Krankenhauses der Elisabethinen GmbH.

Anton Lang ist Landeshauptmannstellvertreter und Landesrat für Gemeinden, Finanzen, Verkehr und Tierschutz in der Steiermärkischen Landesregierung.

Konrad Paul Liessmann ist Philosoph, Publizist und Professor i. R. am Institut für Philosophie der Universität Wien.

Markus Mair ist Vorstandsvorsitzender der Styria Media Group und Präsident des Verbandes Österreichischer Zeitungen (VÖZ).

Heinz Mayer ist Geschäftsführer der JOANNEUM RESEARCH Forschungsgesellschaft mbH.

Thomas Mayer ist Journalist und gehörte der Gründungsredaktion der Tageszeitung *Der Standard* an. Er ist leitender Redakteur beim *Standard* für die Themen EU/NATO in Brüssel.

Peter Moser ist Rektor der Montanuniversität Leoben.

Herfried Münkler ist Politikwissenschafter, Publizist und Professor am Institut für Sozialwissenschaften der Humboldt-Universität Berlin.

Rainer Münz ist Professor und unterrichtet derzeit an der Central European University in Wien und an der Diplomatischen Akademie in Wien.

Josef Pesserl ist Präsident der Arbeiterkammer Steiermark.

Johanna Pirker ist Professorin am Institut of Interactive Systems and Data Science der Technischen Universität Graz.

Martin Polaschek ist Bundesminister für Bildung, Wissenschaft und Forschung der Republik Österreich.

Wolfgang Polt ist Direktor Policies in der JOANNEUM RESEARCH Forschungsgesellschaft mbH.

Manfred Prisching ist Soziologe, war Professor am Institut für Soziologie der Karl-Franzens-Universität Graz und ist Mitglied des Österreichischen Wissenschaftsrats.

Christian Purrer ist Vorstandssprecher der Energie Steiermark AG.

Wolfgang Rehner ist Superintendent der Evangelischen Kirche in der Steiermark.

Peter Riedler ist Rektor der Karl-Franzens-Universität Graz.

Karl Rose ist Professor am Institut für Unternehmensführung und Entrepreneurship an der Karl-Franzens-Universität Graz.

Nikolaus Rottenberger ist Brigadier und Leiter der Abteilung Militärdiplomatie im Bundesministerium für Landesverteidigung der Republik Österreich.

Franz Schausberger ist Historiker, Landeshauptmann a. D. und Vorsitzender des Vorstands des Instituts der Regionen Europas (IRE).

Simone Schmiedtbauer ist Landesrätin für Land- und Forstwirtschaft einschließlich land- und forstwirtschaftlicher Schulen, Wohnbau, Wasser- und Ressourcenmanagement in der Steiermärkischen Landesregierung.

Peter Schöber ist Programmgeschäftsführer von ORF III.

Georg Schulz ist Rektor der Universität für Musik und darstellende Kunst in Graz.

Cornelia Schuster ist Mitarbeiterin im Europabüro des Deutschen Landkreistages in Brüssel.

Ernst Sittinger ist Mitglied der Chefredaktion der *Kleinen Zeitung*.

Michael Steiner ist Professor am Institut für Volkswirtschaft der Karl-Franzens-Universität Graz und hat Gastprofessuren an den Universitäten Glasgow, Kent at Canterbury, Bocconi/Milano, Pecs, Klagenfurt, Udine, Triest und Coruna.

Stefan Stolitzka ist Präsident der Industriellenvereinigung Steiermark.

Andreas Treichl ist Aufsichtsratsvorsitzender der ERSTE Stiftung und Präsident des Europäischen Forum Alpbach.

Christian Ultsch ist stv. Chefredakteur und Ressortleiter Außenpolitik der Tageszeitung *Die Presse*.
Helmut Wiedenhofer ist Prokurist der JOANNEUM RESEARCH Forschungsgesellschaft mbH.
Lojze Wieser ist Publizist und Verleger.
Barbara Zach ist Projektmanagerin Data Lab an der Karl-Franzens-Universität Graz mit Fokus auf die Anwendung der Künstlichen Intelligenz.

Edition »Geist & Gegenwart«
im Wieser Verlag

Lojze Wieser/Bernhard Rinner (Hg.)
**Der Vielfalt verpflichtet.
Europa im Gespräch**
ISBN 978-3-85129-584-9

Norbert Schreiber/Lojze Wieser (Hg.)
Europa was nun? Träume und Traumata
ISBN 978-3-85129-607-5

Norbert Schreiber/Lojze Wieser (Hg.)
Wie schmeckt Europa?
ISBN 978-3-85129-836-9

Lojze Wieser (Hg.)
**Demokratische Einigung Europas.
Das Hoffen wagen**
ISBN 978-3-99029-066-8

Norbert Schreiber/Lojze Wieser (Hg.)
Europa weiter erzählen
ISBN 978-3-85129-941-0

Herwig Hösele/Lojze Wieser (Hg.)
Europa Wertvoll
ISBN 978-3-99029-156-6

Herwig Hösele/Lojze Wieser (Hg.)
Europa.USA.3.0
ISBN 978-3-99029-249-5

Herwig Hösele/Lojze Wieser (Hg.)
Das digitale Europa | Digital Europe
ISBN 978-3-99029-370-6

Herwig Hösele/Lojze Wieser (Hg.)
Reset Europe
ISBN 978-3-99029-475-8

Herwig Hösele/Lojze Wieser (Hg.)
Green Europe. Deal or no deal?
ISBN 978-3-99029-560-1

Herwig Hösele/Lojze Wieser (Hg.)
The European Way of Life
ISBN 978-3-99029-581-6

www.wieser-verlag.com